Eine himmlische Familie

GROSSE SCHWESTER, KLEINE SCHWESTER

Eine himmlische Familie

Große Schwester, kleine Schwester

Auf Basis der gleichnamigen Fernsehserie
von Brenda Hampton
und des Drehbuchs zur Episode »Cutters«
von Sue Tenney

Romanfassung von Amanda Christie

Aus dem Amerikanischen
von Almuth Behrens

vgs

Die Deutsche Bibliothek – CIP-Einheitsaufnahme

Eine himmlische Familie : auf Basis der gleichnamigen Fernsehserie
von Brenda Hampton / Romanfassung von Amanda Christie. –
Köln : vgs

Große Schwester, kleine Schwester / aus dem Amerikan.
von Almuth Behrens. – 2002
ISBN 3-8025-2947-2

Das Buch »Eine himmlische Familie – Große Schwester,
kleine Schwester« entstand nach der gleichnamigen Fernsehserie
(Orig.: 7th *Heaven*) von Brenda Hampton,
produziert von Spelling Television, ausgestrahlt bei Vox.

Erstveröffentlichung bei Random House, Inc., New York, 2000.
Titel der amerikanischen Originalausgabe: 7th *Heaven.*
Middle Sister.

Lektorat: Ilke Vehling
Produktion: Wolfgang Arntz
Umschlaggestaltung: Sens, Köln
Senderlogo: © Vox 2002
Titelfoto: © Spelling Television 2000
Satz: Kalle Giese, Overath
Druck: Clausen & Bosse, Leck
Printed in Germany
ISBN 3-8025-2947-2

1

Lucy Camden hockte aufgeregt auf ihrer Bettkante. Es war Dienstagabend und gerade war ihre beste Freundin, Nicole Jacob, vorbeigekommen, um mit ihr zu lernen – was bedeutete, dass die Mädchen stundenlang redeten und Spaß hatten. Okay, lernen würden sie auch noch, aber Schule war schließlich nicht alles im Leben.

Mary Camden, Lucys ältere Schwester, lag mit einem Buch in der Hand auf ihrem Bett. Sie trug ein blaues Tank-Top und bequeme Jeans. Lucy hatte noch nie kapiert, warum ihre Schwester so viel für die Schule tat. Und Lucy wünschte sich nichts sehnlicher, als endlich ihr eigenes Zimmer zu haben, damit Mary nicht immer in der Nähe war, wenn sie Spaß haben wollte.

»Okay, stell dir vor, du strandest auf einer einsamen Insel, für immer«, forderte Lucy Nicole auf. »Wer sollte dann bei dir sein – Leonardo DiCaprio, Matt

Damon oder … Danny Johnson aus dem Englischkurs?«, fragte sie und strich sich eine blonde Haarsträhne aus dem Gesicht.

Mary stöhnte auf und rutschte unbehaglich hin und her. Sie konnte die beiden beim besten Willen nicht ignorieren. Wenn es so weiterging, würde sie *Hamlet* erst nächsten Monat gelesen haben – und nicht schon morgen, wie es von ihr erwartet wurde.

»Sagt mal, seid ihr eigentlich blind?«, fauchte Mary. »Merkt ihr nicht, dass ich lesen muss?«

»Ignorier sie einfach«, flüsterte Lucy Nicole zu. Ihrer Meinung nach war das die beste Methode, mit ihrer Schwester fertig zu werden. »So, zurück zu meiner Frage«, fuhr sie dann fort. »Wer sollte mit dir auf der Insel stranden?«

Nicole zwirbelte eine Strähne ihres kurzen blonden, lockigen Haares um ihren Finger. »Tja, wenn ich die Auswahl hätte, dann … Danny Johnson!«

Sie und Lucy gackerten los. Indessen klappte Mary lautstark ihr Buch zu. Sie konnte ihre kleine Schwester und deren beste Freundin nicht eine Sekunde länger ertragen. Ihr war es unbegreiflich, wie man sich derart lächerlich und rücksichtslos aufführen konnte.

»Hey«, rief Mary empört, »solltet ihr beiden nicht eigentlich Biologie lernen?«

»Tun wir doch«, konterte Lucy mit einem süffisanten Grinsen, »die Biologie von Danny Johnson.«

Mary verdrehte die Augen und kehrte den beiden Störenfrieden den Rücken zu.

Nicole schaute erst Mary, dann Lucy an und zuckte die Achseln. »Ich weiß auch nicht, warum ich mich so quäle«, begann sie. »Danny ist total angesagt und ich bin so hässlich.«

Lucy glaubte, sich verhört zu haben. Nicole hatte kurzes blondes Haar, das ihr ins Gesicht fiel, und sie trug Unmengen von coolem Schmuck. Lucy fand, dass Nicole wirklich hübsch war.

»Was redest du denn da?«, wandte sie sich an Nicole und gab ihr spaßeshalber einen Klaps mit dem Biobuch. »Du bist nicht hässlich! Du musst positiv denken, dann passieren auch positive Dinge. Erst recht, wenn's um Jungs geht.«

Nicole kräuselte die Nase. »Meinst du?«

»Das *weiß* ich«, entgegnete Lucy selbstsicher. »Du musst nur noch positiv denken, sehr positiv ...«

»Vor allem, was Danny Johnson angeht!«, fiel Nicole ein. Wieder brachen sie in Gelächter aus.

Mary griff entnervt nach ihrem Buch und sprang vom Bett. Einige Sekunden lang starrte sie die beiden an, um anschließend aus dem Zimmer zu rauschen und die Tür lautstark hinter sich zuzuschmettern.

Lucy fixierte die Tür und wandte sich dann an Nicole. »Ältere Geschwister sind wirklich das Allerletzte«, war ihr Kommentar.

»Stimmt genau«, nickte diese zustimmend.

»Mir stinkt's total, die mittlere Schwester zu sein. Alle Welt meint, über mich bestimmen zu können«, stöhnte Lucy.

»Ja, mir geht's genauso, ich steck auch in der Mitte fest«, stöhnte Nicole.

Lucy grinste. Das war nur eine Sache von vielen, die sie und Nicole gemeinsam hatten – sie beide konnten ein Lied davon singen, wie man sich als Sandwichkind fühlte. Nur dass Nicole zwei Geschwister hatte, während Lucy sich mit vier, bald sogar mit sechs abfinden musste!

Wenn die Zwillinge erst einmal auf der Welt sind, dachte Lucy, dann bin ich nicht mehr die Mittlere. Dann bin ich die Drittälteste. Wenigstens darauf konnte sie sich freuen. Natürlich musste sie ihr Zimmer dann nach wie vor mit Mary teilen – und wenn sie Pech hatte sogar auch noch mit Ruthie, ihrer kleinen Schwester.

»Woran denkst du gerade?«, wollte Nicole wissen.

»Ach, nur wie's ist, in der Mitte festzustecken ... und mit wem wir dich am besten zusammenstecken!«

»Vielleicht mit Danny Johnson?«, kicherte Nicole.

Lucy gluckste los und ließ sich auf ihr Bett plumpsen. »Weißt du was? Das macht tausendmal mehr Spaß als Bio pauken!«

Ungläubig schaute Reverend Camden seiner Frau dabei zu, wie sie einen weiteren Corndog aus der Mikrowelle holte. Vergeblich versuchte er sich einzureden, dass sie nur ihren mütterlichen Pflichten nachkam – der Corndog musste für eines der Kinder sein oder für Happy, den Familienhund. Aber Mrs. Camden nahm den Corndog hoch, tunkte ihn in das Glas mit Mayonnaise und biss genüsslich hinein.

Reverend Camden fühlte, wie sich sein Magen zusammenzog. Gerade noch hatten sie sich eine Riesenportion davon einverleibt, gemeinsam mit den Kindern. Wie schaffte sie es bloß noch eins von den Dingern zu verdrücken?, fragte er sich.

Mrs. Camden fühlte die Blicke ihres Mannes und zögerte kurz, ehe sie zum zweiten Mal zubiss. »Was? Was schaust du mich so an? Die schmecken einfach göttlich«, ließ sie ihn wissen.

»Oh ... die Qualität will ich auch gar nicht infrage stellen, eher die Quantität«, erwiderte der Reverend. »Dein wievielter Corndog ist das? Der fünfte?«

»Der sechste«, korrigierte ihn Mrs. Camden und errötete. »Ich habe noch einen verputzt, als du nebenan warst.«

»Unglaublich!« Reverend Camden schüttelte den Kopf. Fünf Schwangerschaften hatte er schon mit seiner Frau durchgestanden, doch ihr jetziger Appetit schlug alle Rekorde. Aber diesmal waren es ja auch Zwillinge. »Hab ich dir schon gesagt, wie hinreißend du nach sechs Corndogs aussiehst?«, sagte er und schlang die Arme um seine Frau.

»Nein, bisher nicht. Aber halt mich ruhig weiter auf dem Laufenden«, erwiderte Mrs. Camden.

Da marschierte Mary mit einem Buch in der Hand und einem empörten Gesichtsausdruck in die Küche.

»Ihr müsst es ihnen verbieten!«, erklärte sie. »Oder sie nach Hause schicken. Ganz egal wie, wenn sie nur aus meinem Zimmer verschwinden!«

»Jetzt mal ganz langsam, Mary. Wer soll hier was verbieten?«, wollte Reverend Camden wissen.

»Wen mein ich wohl? Lucy und ihre kleine neue Freundin, Nicole!«, entgegnete Mary. »Die beiden treiben mich noch in den Wahnsinn! Bis morgen muss ich *Hamlet* gelesen haben, und nur weil die beiden andauernd über irgendwelche Typen quatschen, bin ich noch nicht einmal über die erste Szene hinausgekommen.«

Vertraulich beugte sich Marys Vater zu seiner Tochter. »Ich gebe dir einen Tipp, wie's ausgeht«, flüsterte er. »Der Däne war's.«

»Haha, sehr komisch.« Mary runzelte die Stirn.

»Ja, zum Totlachen«, pflichtete Mrs. Camden ihr trocken bei. Der Reverend räusperte sich. »Na gut. Ich habe eine Idee: Warum lernst du nicht einfach in meinem Büro, bis Nicole weg ist? Da hast du auf jeden Fall deine Ruhe.«

Mary war stinksauer. »Und wann bitte *ist* Nicole weg? Nie?«

»Das nächste Mal solltest du mit der Lektüre früher beginnen«, sagte Mrs. Camden.

»Das kann ja wohl nicht wahr sein! *Ich* versuche zu lernen – und werde noch zurechtgewiesen«, beschwerte sich Mary.

»Du wirst nicht zurechtgewiesen«, lenkte Mrs.

Camden ein. »Hier, wie wär's mit einem Corndog?«, schlug sie dann vor. »Die sind einfach göttlich.«

Mary musterte fassungslos den Corndog. Dann richtete sie den Blick wieder auf ihre Eltern.

Der Reverend sah die Frustration, die aus dem Blick seiner Tochter sprach. »Was ist eigentlich los?«, fragte er sanft.

»Ach, ich weiß nicht. Vielleicht ist das Blödsinn, aber irgendwie hab ich das Gefühl, dass etwas mit dieser Nicole nicht stimmt. Seit Lucy mit ihr zusammen ist, ist sie noch viel ... verrückter als vorher.«

»Danke für den Hinweis«, sagte Reverend Camden. »Wir werden ihn in die Akte aufnehmen.«

Mary verdrehte die Augen: Wenn ihre Eltern sie nicht ernst nahmen, dann würde sie eben mit Lucy sprechen. Aber wie sollte sie ihrer Schwester erklären, dass sie in Bezug auf ihre beste Freundin eine dumpfe Vorahnung hatte? Und was genau passte ihr eigentlich nicht an Nicole?

Vielleicht hab ich einfach nur Angst, dass sie und Lucy zu dicke Freundinnen werden könnten, dachte Mary, und dass ich dann nie mehr allein im Zimmer sein werde.

Nachdem Mary die Küche verlassen hatte, wandte Reverend Camden sich an seine Frau.

»Soll ich nach oben gehen und dem Gespräch ein Ende setzen?«, fragte er.

Mrs. Camden zuckte die Schultern. »Ich würde mir

nicht so viele Gedanken machen. Das ist sowieso vorbei, wenn du Nicole nach Hause bringst.« Sie hielt einen Moment inne. »Es ist doch schön, dass Lucy eine neue Freundin hat.«

»Ja, sieht ganz so aus, als hätten die beiden sich gesucht und gefunden«, erklärte Reverend Camden. »Eigentlich ist Nicole wie Lucy – nur mit Locken.«

»Wie meinst du das?«

»Nun, sie haben beide kleine Schwestern, die immer im Mittelpunkt stehen wollen, sie haben beide große Schwestern, die sehr sportlich sind, sie sind beide ziemlich emotional, und außerdem sind sie beide …«

»Ziemlich verrückt«, ergänzte Mrs. Camden. »Und das meine ich keineswegs böse.« Sie nahm einen Happen von dem Corndog. »Meinst du, wir müssen uns Sorgen machen?«

»Abgesehen davon, dass du gerade deinen siebten Corndog verdrückst?«, antwortete ihr Mann. »Nein. Ganz und gar nicht.«

2

Simon Camden saß an seinem Schreibtisch und starrte auf das Schulbuch. Ungeduldig fuhr er sich durch das kurz geschnittene blonde Haar. Seine Konzentration war auf dem Nullpunkt angelangt. Neben ihm saß Happy, wedelte erwartungsvoll mit dem wuscheligen Schwanz und wartete darauf, dass er endlich mit dem Lernen fertig wurde, um mit ihr zu spielen. Seine kleine Schwester Ruthie war da längst nicht so geduldig. Auch sie wollte spielen – und zwar sofort. Ein Nein akzeptierte sie nicht.

Leise vor sich hin singend, erkundete sie Simons Schlafzimmer. Das lockige brünette Haar reichte ihr bis zu den Schultern. Sie tänzelte an Simons Schreibtisch vorbei und schnappte ihm das Buch direkt vor der Nase weg.

Aufgebracht wirbelte Simon herum. »Gib das sofort wieder her!«, befahl er.

Zögernd reichte Ruthie ihrem Bruder das

Buch. »Du verstehst auch gar keinen Spaß«, nörgelte sie.

Simon legte das Buch zurück auf den Tisch und blätterte darin herum, bis er das Kapitel wieder fand, in dem er gelesen hatte. »Morgen schreibe ich einen Test«, erklärte er Ruthie. »Ich habe also keine Zeit, Spaß zu verstehen.« Er wandte sich zu seiner kleinen Schwester um. »Solltest du nicht eigentlich auch lernen?«

Ruthie zuckte die Schultern und streichelte Happys Ohren. »Lernen brauch ich nicht. Stimmt's, Happy?«

»Muss das schön sein«, murmelte Simon. Ihm kam wieder in den Sinn, wie wunderbar einfach die zweite Klasse doch war.

»Es *ist* schön. Und weißt du auch warum? Weil ich ein Naturtalent bin – wie Mary!«, erwiderte Ruthie. »Und bald bin ich ja vielleicht auch ein Basketball-Star, so wie sie.«

Irgendwie hatte Simon Probleme, sich das vorzustellen – schließlich reichte Ruthie Mary kaum bis zur Hüfte.

»Gut, Madame Superschlau«, stichelte Simon. »Mom und Dad sind bestimmt sehr froh darüber, dass du nicht nur ein Genie, sondern auch noch eine berühmte Sportlerin wirst.«

»Wieso?«, wollte Ruthie wissen.

»Das ist doch klar«, antwortete Simon. »Dann kannst du auf dich selbst aufpassen und brauchst die beiden nicht mehr.«

»Ja und?«

»Tja, wenn die Zwillinge erst mal da sind, sind sie für jede Entlastung dankbar. Wenn du mich jetzt entschuldigst ...« Er schaute wieder in sein Buch.

Was meint Simon nur?, überlegte Ruthie, irgendwie versteh ich kein Wort. Sie trat näher und schlug kurz entschlossen Simons Buch zu. »Wovon redest du eigentlich?«

Simon drehte sich in ihre Richtung. »Also gut, Mary ist hier vielleicht das Genie, da hast du Recht. Aber die Aufmerksamkeit bekommt immer noch Lucy.«

»Das kapier ich nicht.«

»Denk doch mal nach, Ruthie. Öl bekommt nur das Rad, das quietscht, und keiner quietscht lauter als Lucy«, erklärte Simon. »Und wenn die Zwillinge auf der Welt sind, dann haben Mom und Dad nur noch Zeit für die, die quietschen.« Er schlug sein Buch wieder auf und las weiter.

Ruthie dachte kurz nach. Wenn nur quietschende Räder Aufmerksamkeit bekamen ... na gut, dann musste sie eben auch quietschen. Sie konnte doch nicht zulassen, dass ihre Eltern sie einfach vergaßen, sobald die Zwillinge auf der Welt waren.

Das würde ihr nie und nimmer passieren.

Matt Camden betrat die Campus-Bibliothek und steuerte zielstrebig auf einen der hinteren Tische zu. Er hatte eine Menge Hausaufgaben zu erledigen, und es war schon Dienstagabend, genauer gesagt, zwanzig Uhr. Er durfte keine Zeit verschwenden.

Als er einen leeren Stuhl an einem der Arbeitstische entdeckte, hielt Matt inne. Perfekt, freute er sich. Dann fiel sein Blick auf das Mädchen am anderen Ende des Tisches. Sie trug ein blaues T-Shirt und Jeans – nichts Besonderes eigentlich, aber an ihr sah das Ganze einfach umwerfend aus. Sie war klein, hatte hellbraunes Haar, hohe Wangenknochen und ein süßes Profil.

Matt strich sich das schulterlange braune Haar aus dem Gesicht und näherte sich ihrem Tisch. »Entschuldige. Ist hier noch frei?«

Das Mädchen schaute auf und lächelte. »Klar doch«, sagte sie warmherzig. »Setz dich.«

»Danke«, erwiderte Matt. Er glitt auf den freien Platz und betrachtete sie über den Tisch hinweg. Sie war schon wieder in ihr Buch vertieft.

Matt holte seine Unterlagen aus dem Rucksack und breitete sie vor sich auf dem Tisch aus. Immer wieder musterte er verstohlen das Mädchen. Er versuchte einen Blick auf ihren Buchtitel zu erhaschen, um ein Gespräch beginnen zu können. Und tatsächlich kam ihm das Buch bekannt vor.

Da machte es klick bei ihm – er kannte sie! Jetzt fiel es ihm nicht schwer, sie anzusprechen. Er räusperte sich. »Bist du nicht bei mir im Psychologiekurs?«

»Ja, kann gut sein«, antwortete sie mit einem Lächeln. »Ich heiße Becky«, fuhr sie dann fort. »Du kamst mir gleich so bekannt vor.«

So weit, so gut, dachte Matt. Er streckte die Hand aus und sie schlug ein. »Hi, ich bin Matt«, stellte er sich vor. Ein kurzes peinliches Schweigen folgte. Matt fixierte ihre silberne Halskette und überlegte verzweifelt, was er noch sagen konnte.

»Tja … ähm, und wie ist deine Arbeit letzte Woche gelaufen?«, fragte er schließlich.

»Oh, nicht gerade berauschend«, erwiderte Becky. »Nur eine Drei minus. Und bei dir?«

»Ich hatte Glück«, sagte Matt und bemühte sich um einen möglichst unbeteiligten Ton. »Ich habe eine Eins bekommen.«

»Die könnte ich gut gebrauchen«, seufzte Becky. »Der Einführungskurs in Psychologie ist bei mir Pflicht. Ich muss auf jeden Fall eine Zwei bekommen, ansonsten hab ich ein Problem.«

»Oh«, erwiderte Matt mitfühlend. Für ihn war Psychologie alles andere als ein Hauptfach – und ausgerechnet da bekam er eine Eins. Sie sollte meine Eins haben, dachte er.

Plötzlich kam ihm eine Idee. Er wollte mit Becky ausgehen … und vielleicht brauchte sie ja Hilfe für die nächste Klausur in Psychologie.

»Hey, Becky, wie wär's, wenn wir uns gegenseitig aus der Patsche helfen?«, schlug Matt vor.

Becky blickte ihn erstaunt an. »Und wie?«

»Wir könnten uns treffen und zusammen lernen. Ich hab gehört, dass der Test nächste Woche ein echter Hammer sein soll.« Matt übertrieb etwas.

»Ein echter Hammer? Wirklich?«, sagte Becky und ein Schauder lief ihr den Rücken hinunter. »Du sagtest gerade, wir könnten uns treffen. Meinst du etwa … eine Art Date?«

Matt lächelte. »Ja. Genau. Ein Date zum Lernen.«

Becky ließ sich das Ganze kurz durch den Kopf gehen.

Bitte sag ja, flehte Matt innerlich. Bitte.

»Ich glaub eher nicht, Matt«, sagte Becky schließlich. »Aber trotzdem danke.« Sie schlug ihr Psychologiebuch zu und griff nach den anderen Sachen. Dann stand sie auf und ging einfach davon.

Matt war fassungslos. Er hatte eine Abfuhr bekommen! Er hatte vergessen, wie demütigend das war, so lang war ihm das schon nicht mehr passiert. Niedergeschmettert kauerte er auf seinem Stuhl. »Ich hab's vermasselt«, murmelte er nur.

3

Welche Farbe trag ich bloß morgen?

An einem späten Mittwochmorgen starrte Lucy in ihren Spind. Das untere Fach war vollgestopft mit Lippenstiften. Während sie überlegte, strich sie sich Puder über das Gesicht und trug ein pinkfarbenes Rouge auf. Sie überprüfte ihre Erscheinung in dem schmalen Spiegel neben ihrem *No Problem*-Sticker. Heute war sie ganz in Weiß gekleidet, und deswegen war ein roter Lippenstift einfach zu viel des Guten – Pink war auch nicht toll, aber andererseits …

Lucy warf einen flüchtigen Blick auf ihre Uhr. Ihr blieb nur noch eine Minute, bis der Unterricht wieder begann, und vorher musste sie sich noch mit Nicole treffen. Das heißt, sie hätte sie schon vor drei Minuten treffen sollen.

Hektisch wühlte Lucy in dem Haufen Lippenstifte, bis ihre Finger sich um den mit dem Farbton ›Honigtau‹ schlossen. That's it, dachte sie, warf sich rasch den Mantel über und tupfte die Lippen mit einem Taschentuch ab. Perfekt!

Dann griff sie überstürzt nach einem Fläschchen Parfum und sprühte ein paar Mal in den Korridor. Um ein Haar hätte es ein paar Schüler erwischt, die gerade vorbeigingen. Sie stellte sich unter die parfümierte Luft, damit der Duftschleier sanft auf ihr Haar herabgleiten konnte.

Fertig, beschloss sie, schnappte sich ihre Bücher, schlug den Spind zu und eilte den Gang hinunter. Überall Schüler. Die Flure waren dermaßen überfüllt, dass Lucy einen Moment brauchte, ehe sie Nicole an dem vereinbarten Treffpunkt erspähte.

»Tut mir echt Leid, dass ich zu spät bin«, stieß sie hervor. »Ich konnte mich einfach für keinen Lippenstift entscheiden. Ich dachte, dass ich in der Beerenstimmung bin, aber …« Lucy hielt plötzlich inne. Nicoles Gesichtsmuskeln wirkten angespannt, nervös presste sie ihre Bücher an die Brust.

»Hey, was ist los?«, wollte Lucy wissen.

Nicole biss sich auf die Lippen. »Ich dachte, du kommst nicht mehr. Bio ist das einzige Fach, das wir zusammen haben«, erklärte sie. »Und das einzige Fach, in dem ich mit jemandem reden kann.«

Nicole war vor einigen Monaten nach Glenoak gezogen und noch immer war sie die Neue.

War das alles?, überlegte Lucy. »Keine Panik, deine beste Freundin ist ja da. Du musst dich nicht alleine mit den Biodämonen herumschlagen!«

Nicole lächelte. Sie wirkte erleichtert. »Ich bin wirklich froh, dich als Freundin zu haben, Lucy – als beste Freundin.«

»Ich auch«, erwiderte Lucy. »Ich meine, mir geht's genauso!« Die beiden brachen in Gelächter aus.

In diesem Moment kam Mary vorbei. Sie warf Lucy und Nicole einen flüchtigen Blick zu, schüttelte den Kopf und ging weiter. Lucy fand es unglaublich, dass Mary sie nicht einmal gegrüßt hatte. Natürlich war sie auch nicht gerade wild darauf, ihrer Schwester ›Hi‹ zu sagen. Vor allem, wenn die so gemein zu ihrer besten Freundin war.

»Ich glaube, deine Schwester mag mich nicht besonders«, stellte Nicole fest und folgte Mary mit dem Blick.

Lucy verdrehte die Augen. Warum kam Mary immer gerade dann vorbei, wenn sie Spaß hatte?

»Ignorier sie einfach«, erwiderte Lucy. »Sie ist eben schlecht drauf, weil ihr Freund dieses Jahr aufs College gegangen ist.« Und weil sie es nicht ertragen kann, dass ich eine beste Freundin habe und glücklicher bin als sie!, dachte Lucy bei sich.

Sie warf einen Blick in den überfüllten Gang, um sich zu vergewissern, dass sie keine Mithörer hatten. Dann beugte sie sich zu Nicole. »Kommen wir zu wichtigeren Dingen«, begann sie. »Rate mal, was Jordan heute Morgen zu mir gesagt hat.«

Nicole runzelte die Stirn. »Was denn?«

»Danny Johnson hat Schluss gemacht mit seiner

Freundin!« Lucy musste sich beherrschen. »Ist das nicht der Wahnsinn? Ich mein, für sie natürlich nicht. Aber für dich ...«

Nicole schüttelte den Kopf und griff nach ihren Büchern. »Vergiss es. Der ist nicht meine Liga.«

»Sag das nicht ... Oh, Mann«, stammelte Lucy plötzlich. Sie konnte nicht glauben, wen sie da am anderen Ende des Ganges auf sie zuschlendern sah. »Schau nicht hin«, wies sie Nicole an. »Okay, jetzt darfst du. Nein! Moment. Okay, jetzt! Nein, lieber nicht ...«

»Lucy, mir wird gleich schwindelig«, lachte Nicole. »Was denn jetzt? Darf ich gucken oder nicht?«

»Danny Johnson«, flüsterte Lucy, legte Nicole die Hände auf die Schultern und drehte sie langsam in die richtige Richtung.

Lucy sah, wie Danny auf sie zukam. Wie immer sah er total cool aus. Er war hoch gewachsen, hatte braunes kurzes Haar und über seiner Schulter hing eine lässige Tasche im Stil eines Fahrradkuriers. Er trug Jeans und ein aufgeknöpftes Hemd über einem weißen T-Shirt mit Surfboard-Logo. Freunde umringten ihn.

»Okay, das ist deine Chance«, erklärte Lucy.

Panik spiegelte sich in Nicoles Blick. »Ja, schon ... aber ich glaube, ich bin noch nicht bereit für meine Chance.«

»Sag einfach nur ›Hallo‹«, ermunterte Lucy ihre Freundin. »Jetzt oder nie!«

Nicole holte tief Luft. Als Danny vorbeikam, stieß sie ein kurzes ›Hi‹ hervor.

Danny zögerte, dann drehte er sich um und suchte den Korridor nach der Stimme ab. Als er endlich realisierte, wer dahinter steckte, bedachte er Nicole mit einem abweisenden Blick und murmelte etwas in Richtung seiner Freunde. Alle lachten und die Gruppe setzte ihren Weg fort.

Nicoles Gesichtsausdruck war zum Heulen und Lucy fühlte sich schrecklich. Nicole musste total verletzt sein. Danny Johnson ist ein Riesenidiot, dachte Lucy. Er hätte sie wirklich zurückgrüßen können. Das hat noch keinen umgebracht.

»Der lacht nicht mehr lange«, sagte Lucy und lächelte Nicole aufmunternd zu. »In fünfzehn Jahren sind nämlich wir an der Reihe, wenn er eine Glatze hat und der Besitzer des Coffee-Shops ihn feuert, weil das die Kunden blendet, und wenn ihn seine Frau wegen eines Zahnarztes verlässt, dem Haare aus den Ohren wachsen!« Sie holte Luft. »Wer zuletzt lacht, lacht am besten!«

Nicole rang sich ein dünnes Lächeln ab. Sie wusste Lucys Bemühungen zu schätzen, aber die Sache war hoffnungslos. Ihr war schon lange klar, dass ein Typ wie Danny ein graues Mäuschen wie sie keines Blickes würdigte. Sie kam sich total dämlich vor, dass sie es versucht hatte.

»Überleg doch mal. Vor ein paar Monaten dachte ich auch, dass ich nie einen Freund abkriegen würde«, sagte Lucy. »Und dann ... hat Jordan mich eingeladen. Du siehst, alles ist möglich!«

Nicole schwieg. Sie glaubte nicht, dass Danny jemals Interesse an ihr haben würde. Aber natürlich musste sie Lucy Recht geben – wenn sie doch nur so positiv denken könnte wie sie.

Es schellte zum ersten Mal.

»Wir gehen besser in die Klasse«, sagte Lucy.

»Halt mir einen Platz frei – ich muss mal kurz in den Waschraum«, antwortete Nicole.

»Das geht nicht, dann kommst du zu spät!«, warnte Lucy ihre Freundin und zerrte an ihrem Pulli. »Komm schon, gehen wir. Wir haben eh schon genug Probleme in Bio.« Jedenfalls konnte sich Lucy an kein Fach erinnern, in dem sie je so miserabel gewesen war. Ihr fiel es einfach schwer, sich auf die Laborberichte zu konzentrieren, wenn sie stattdessen mit Nicole Spaß haben konnte.

Nicole ließ sich überreden, und die Freundinnen gingen in den Klassenraum. Sie suchten einen Tisch, der möglichst weit hinten lag und setzten sich hin. Kurz darauf klingelte es auch schon zum zweiten Mal.

Mr. Jackson erhob sich und hielt in der Hand einen Stapel Blätter. »Okay, meine kleinen Amöben, Bücher und Rucksäcke auf den Boden. Macht die Tische frei.«

»Wie hat er uns eben genannt?«, flüsterte Lucy Nicole zu und kicherte.

»Wem von euch steht der Sinn nach einem kleinen Test?«, wollte Mr. Jackson wissen.

Ein Stöhnen ging durch die Klasse.

Lucy drehte sich zu Nicole, mit weit aufgerissenen Augen. »Was? Ein Test?«, wiederholte sie ungläubig.

»Ich hab null Ahnung«, sagte Nicole.

Lucy nahm ihren glänzenden Glücksfüller aus der Tasche. Ein bisschen Glück konnte sie jetzt in der Tat gut gebrauchen.

Mr. Jackson ging durch den Klassenraum und teilte die Aufgabenzettel aus. »Ich weiß nicht, warum ihr alle so stöhnt. Wer seine Hausaufgaben gemacht hat, muss nichts befürchten.«

Wer seine Hausaufgaben gemacht hat ..., dachte Lucy und fühlte, wie die Panik von ihr Besitz ergriff. Hätten sie sich doch bloß am Riemen gerissen.

»Was machen wir denn jetzt?«, flüsterte Nicole verzweifelt.

Lucy zuckte hilflos mit den Achseln. Mr. Jackson näherte sich ihrem Tisch.

»Ms. Camden? Ms. Jacob? Irgendwas nicht in Ordnung?«, wollte er wissen.

Lucy schaute erst Nicole und dann wieder Mr. Jackson an. Beide schüttelten stumm den Kopf.

»Nach der Stunde kommt ihr beiden dann bitte zu mir«, sagte Mr. Jackson mit ernster Miene.

Lucy hatte Mühe, nicht vom Stuhl zu kippen. Ihr war durchaus bewusst, dass Bio nicht gerade ihre Stärke war, aber noch nie hatte sie ein Lehrer nach dem Unterricht zu sich zitiert. Sie war in ernsthaften Schwierigkeiten.

Lucy warf Nicole einen verzweifelten Blick zu. Nicole schaute nach unten auf den Aufgabenzettel und schüttelte hilflos den Kopf.

»Alles klar. Ihr könnt loslegen«, erklärte Mr. Jackson. »Ihr habt fünfzehn Minuten.«

Lucy überflog die ersten drei Fragen. Sie kamen ihr bekannt vor, aber mehr auch nicht. Ratlos ließ sie ihren Blick über die Köpfe der anderen Schüler gleiten und fragte sich, ob es allen so ging wie ihr. Aber die anderen schrieben eifrig.

Ich bin verloren, dachte sie und erhaschte einen Blick auf das weiße Blatt vor Nicole. Wir sind beide verloren, korrigierte sie sich.

4

Es war Mittwochnachmittag und Reverend Camden stand am Küchentresen und lockerte die Krawatte. Soeben hatte er seine Arbeit für heute beendet – jedenfalls die, mit der er gerechnet hatte. Aber als Pastor konnte man nie wissen, wann jemand auf seine Hilfe angewiesen war.

Wegen mehrerer Meetings in der Kirche war er nicht zum Essen gekommen und hatte deshalb einen Bärenhunger. Er nahm eine Scheibe Käse und eine Tomate aus dem Kühlschrank und begann, sich ein Sandwich zu schmieren. Ihm war klar, dass er damit fertig sein sollte, ehe seine Frau in die Küche kam. Das letzte Mal hatte sie alles verspeist, was sie in die Finger bekam. Nicht, dass er ihr das zum Vorwurf machte. Schließlich war sie schwanger – mit Zwillingen.

Als Reverend Camden gerade seinen ersten Bissen zu sich nahm, tappte Matt in die Küche. Er machte ein sorgenvolles Gesicht und trug noch immer seine Schlafanzughose und ein graues T-Shirt.

Reverend Camden warf einen Blick auf die Uhr. Es war fast drei.

»Guten Morgen«, begrüßte er seinen Sohn.

»Hi«, murmelte Matt ohne aufzuschauen. Wie in Trance griff er nach der Packung Cornflakes und füllte eine große Schüssel.

»Gehst du noch weg?«, wollte der Reverend wissen.

»Weiß noch nicht. Vielleicht«, gab Matt zur Antwort und wich noch immer dem Blick seines Vaters aus. »Ich muss ja nicht jeden Abend ein Date haben, oder? Im Leben gibt's ja schließlich noch mehr als nur Dates, oder irre ich mich da?«

Reverend Camden warf Matt einen verwunderten Blick zu. »Ich wollte doch nur wissen, ob du noch ins College musst, beziehungsweise das Haus verlässt. Von einem Date habe ich gar nicht gesprochen.«

»Ach so«, erwiderte Matt und holte leise vor sich hin murmelnd die Milch aus dem Kühlschrank. Reverend Camden bedachte seinen Sohn mit einem sorgenvollen Blick. Dann war im klar: Matts Reaktion konnte nur damit zu tun haben, dass er kein Date bekommen hatte!

»Was ist? Hör auf, mich so anzustarren«, schnauzte Matt und ließ sich auf einem Stuhl an dem großen hölzernen Küchentisch nieder.

Der Reverend schüttelte den Kopf. »Entschuldige, aber ich bin sprachlos. Ich hätte nie gedacht, dass dir das mal passieren würde«, sagte er, stellte seinen Teller auf dem Tisch ab und setzte sich Matt gegenüber.

»Wovon redest du eigentlich?«, grummelte Matt. »Um welche Frau geht es?«

Missmutig stopfte sich Matt einen Löffel Cornflakes in den Mund. »Welche Frau?«

»Die Frau, wegen der es dir so schlecht geht.«

Matt ließ den Löffel fallen und schaute seinen Vater an. »Woher weißt du ...?«

»Leider aus Erfahrung«, gab dieser zu.

»Dad, ich kann's nicht glauben – ich bin ihr begegnet und dachte, wir verstehen uns. Da wollte ich mich mit ihr verabreden, aber sie hat total abgeblockt ... warum auch immer.« Matt fuhr mit dem Finger einen Kratzer auf dem Tisch nach. »Irgendetwas stimmt nicht mit mir.«

»Nur weil jemand nicht mit dir ausgehen will, heißt das doch nicht, dass etwas mit dir nicht stimmt«, sagte Reverend Camden. »Du hast dein Bestes gegeben. Mehr kannst du nicht tun.«

Matt schaute ihn an. »Mensch, Coach – danke! Fürs Team geb ich doch alles.«

Mrs. Camden rauschte herein mit einer Pflanze im Arm. Nachdem sie einen Blick auf Matt geworfen hatte, stellte sie sie ab. »Was ist los?«, wollte Mrs. Camden wissen und ging zu ihm hinüber. »Geht es dir nicht gut? Du siehst schrecklich aus!«

Matt sagte kein Wort. Na toll!, dachte er missmutig. Ich sehe also schrecklich aus.

»Es ist so weit«, klärte Reverend Camden seine Frau auf. »Unser Sohn hat einen Korb bekommen!«

»Was? Das gibt es doch nicht.« Mrs. Camden schüttelte den Kopf und legte Matt die Hand auf die Schulter. »Doch nicht unser Matt.« Mitfühlend nahm sie ihren Sohn in den Arm. »Du bist der bestaussehendste Typ, den es gibt, und wenn eine Frau dich nicht mag, tja, dann stimmt wohl mit *ihr* etwas nicht.«

Reverend Camden konnte sich ein Lächeln nicht verkneifen. »Vielleicht sollte deine Mom sie mal anrufen und eine persönliche Empfehlung aussprechen.«

»Lasst mich einfach in Ruhe, ja?«, murmelte Matt, stellte seine leere Schüssel in den Geschirrspüler und verließ die Küche.

»Ups. Hat der eine Laune«, sagte Reverend Camden.

»Ist ja auch kein Wunder«, sagte Mrs. Camden. »Ihm geht es anscheinend wirklich schlecht.«

Reverend Camden zuckte die Schultern. »Den Scherz hab ich doch nur gemacht, um das Ganze nicht schlimmer zu machen, als es ist«, erklärte er und nahm noch einen Bissen von seinem Sandwich. »Jeder ist mal schlecht drauf. Matt sollte lernen, dass das nicht das Ende der Welt bedeutet.«

»Hey, was ist das eigentlich für ein Sandwich?« Mrs. Camden näherte sich ihrem Mann.

»Meins«, erwiderte dieser und biss noch einmal herzhaft zu. »Aber wenn du mich ganz lieb bittest, mache ich dir auch eins. Oder hättest du lieber einen Corndog?«

»Ehrlich gesagt dachte ich an eine Kombination von beiden«, sagte Mrs. Camden träumerisch.

»Ein Corndog-Sandwich? Kommt sofort.«

Mary war nach der letzten Stunde gerade auf dem Weg den Gang hinunter zu ihrem Spind, als sie Lucy in einem leeren Klassenraum stehen sah. Was macht sie bloß da?, überlegte Mary. Sie postierte sich so neben der Tür, dass ihre Schwester sie nicht sehen konnte. Nicole war auch da – und vor den beiden stand Marys ehemaliger Biologielehrer.

Das bedeutet nichts Gutes, dachte sie. Mr. Jackson zitiert einen nur dann zu sich, wenn man auf der Kippe steht. Mit angehaltenem Atem lauschte Mary dem Gespräch.

»Die Sache ist ernst, Mädchen«, hörte sie ihn sagen. »Momentan sieht es ganz so aus, als würdet ihr bei mir in Biologie durchfallen.«

Lucy glaubte, sich verhört zu haben. Noch niemals war sie irgendwo durchgefallen. Ihre Eltern würden ausflippen. Rasch tauschte sie einen nervösen Blick mit Nicole.

»Ich glaube, keine von euch widmet dem Lehrstoff die gebührende Aufmerksamkeit«, fuhr Mr. Jackson fort. »Jedenfalls dem Test nach zu urteilen.« Er nahm die zwei Aufgabenblätter vom Pult und reichte sie Lucy und Nicole.

»Eine Fünf?«, stammelte Lucy. Nur zwei Antworten waren richtig.

»Immer noch besser als ich«, murmelte Nicole. Sie reichte Lucy den Testbogen und wies auf die riesige rote Sechs am oberen Rand. »Bei mir stimmt gar nichts.«

Mr. Jackson räusperte sich. »Nun, ihr wisst ja, was ihr zu tun habt. Eure Eltern müssen den Test unterschreiben.«

»Unsere Eltern?« Nicoles Stimme zitterte.

»Genau. Morgen gebt ihr mir die Blätter zurück – mit der Unterschrift eines Elternteils. Jede von euch. Okay?«

Lucy rang sich zu einem kurzen Nicken durch. Ihr war zum Heulen zu Mute. Wie konnte man nur eine Fünf in einem dämlichen Biotest schreiben?

»Bevor ihr geht: Wenn ihr so weitermacht, dann müsst ihr den Biologiekurs nächstes Jahr wiederholen. Und das würde mir Leid tun«, sagte Mr. Jackson.

»Mir auch«, dachte Lucy. »Wir werden uns anstrengen, ganz bestimmt, Mr. Jackson!«, versprach sie.

Nicole nickte. »Ja. Auf jeden Fall«, fügte sie hinzu.

»Gut. Das freut mich.« Mr. Jackson klemmte sich seine Aktentasche unter den Arm. »Dann bis morgen, ihr beiden!«, verabschiedete er sich und verließ das Klassenzimmer.

»Die bringen uns um«, rief Nicole. Sie griffen nach den Testblättern.

»Wem sagst du das?«, erwiderte Lucy und malte

sich schon das Gespräch mit ihren Eltern aus. »Hey, willst du nach der Schule rüberkommen und mit uns essen?«, fragte sie dann.

»Klar. Ich muss nur kurz zu Hause Bescheid sagen.« Gemeinsam verließen die beiden Freundinnen das Klassenzimmer – und liefen Mary direkt in die Arme.

»Was machst du denn hier? Hast du was mitbekommen?«, wollte Lucy empört wissen.

Mary erwiderte den Blick ihrer jüngeren Schwester und nickte. »Ich habe alles mitbekommen.«

»Du wirst doch Mom und Dad nichts sagen, oder?«, fragte Lucy nervös.

»*Ich* nicht. Aber du«, entgegnete Mary gelassen. »Heute Abend.« Dann machte sie auf dem Absatz kehrt und marschierte davon.

Lucy und Nicole schauten sich fassungslos an. »Die kann mich zu gar nichts zwingen«, fauchte Lucy.

»Ganz genau«, stimmte Nicole ihr zu.

Warum taucht sie immer gerade dann auf, wenn sie mich stört?, dachte Lucy. Ich hasse große Schwestern!

5

»Nicole, gehen wir hoch und lernen?«, fragte Lucy ihre Freundin nach dem Essen.

»Gute Idee.«

Mary erhob sich und warf den beiden einen viel sagenden Blick zu. »Müsst ihr denn *jeden* Abend zusammen lernen?«

Lucy nahm keine Notiz von ihr. Sie war überzeugt davon, dass Mary im Grunde nur eifersüchtig war.

Nicole reichte Reverend Camden, der gerade die Spülmaschine einräumte, ihren leeren Teller. »Meine Mutter macht nie Corndogs«, beschwerte sie sich.

»Ach, nein?«, fragte Mrs. Camden und gesellte sich zu ihrem Mann an die Spüle, um die letzten Reste des Abendessens zu beseitigen.

»Sie meint, die sind aus Pferdehufen gemacht«, erklärte Nicole und rollte mit den Augen. »Ich fand's aber total lecker.«

Mrs. Camden musste lächeln.

»Vielen Dank, Mrs. Camden, dass ich zum Essen bleiben durfte.«

»Du bist immer herzlich eingeladen.«

Lucy grinste Nicole an. Es war nur allzu offensichtlich, dass Nicole ihre Mutter total cool fand – und Lucy konnte ihr nur beipflichten. Langsam bekam sie ein schlechtes Gewissen, weil sie nichts wegen des Biotests gesagt hatte. Doch das hielt sich in Grenzen.

»Und wie war's heute in der Schule?«, wollte Reverend Camden wissen. Mary reichte ihm ihren Teller und wandte sich dann grinsend zu Nicole und Lucy um.

Sie kann doch wohl kaum erwarten, dass wir uns selbst an den Pranger stellen, dachte Lucy. Nein, das wird nicht passieren – da kann sie lange warten.

»Schön«, erwiderte Lucy im Brustton der Überzeugung. »Was gibt es zum Nachtisch?«

»Im Gefrierschrank ist Eis«, sagte ihre Mutter.

Sofort stürzten Lucy und Nicole, unter den missbilligenden Blicken von Mary, zum Gefrierschrank. Lucy kramte eine Packung Eis mit Schokosplittern hervor, reichte sie Nicole und holte die Nachtischschälchen aus dem Schrank.

Sie spürte Marys Blicke im Rücken, drehte sich aber nicht um. Diesen Triumph würde sie ihr nicht gönnen.

Während Lucy und Nicole ihr Eis löffelten, standen Simon und Ruthie auf und brachten ihre Teller zum Geschirrspüler.

»Das Essen ist immer so lecker, wenn du schwanger bist, Mom«, erklärte Simon.

»Ja, find ich auch«, pflichtete Ruthie ihm bei. »Du solltest immer schwanger sein!«

Reverend Camden und seine Frau tauschten viel sagende Blicke und schmunzelten. »Lieber nicht«, erwiderte Mrs. Camden.

»Na ja, war ja nur so eine Idee«, sagte Ruthie und zuckte die Schultern. Sie machte Anstalten, die Küche zu verlassen, hielt dann aber plötzlich inne, holte ein zusammengefaltetes Stück Papier aus dem Tornister und gab es ihrer Mutter. »Hier, das ist für dich.«

»Was ist das?«

»Von der Schule. Das sollst du unterschreiben.« Ruthie war die Ruhe in Person.

Mrs. Camden faltete das Blatt auseinander. Ihre Augen weiteten sich, als sie las, was darauf geschrieben stand. »Du hast den Mathetest verhauen?«, fragte Mrs. Camden ungläubig.

»Ja, sieht ganz so aus.« Ruthie zuckte die Achseln.

Mary warf Lucy einen raschen Blick zu, als wolle sie sagen: Siehst du? Das wäre auch dein Part gewesen. Lucy schaute Nicole verzweifelt an. Sie fragte sich, ob diese Woche die ganze Familie schlechte Noten bekam.

»Ruthie, wie konnte das passieren? In Mathe warst du doch sonst immer so gut«, stellte Reverend Camden fest.

Wieder zuckte Ruthie die Achseln. »Keine Ahnung.«

»Schau dir das mal an, Eric. Sie hat jedes Mal die Einundfünfzig geschrieben!« Fragend blickte Mrs. Camden ihre jüngste Tochter an. »Warum hast du das gemacht?«

»Weil mir die Einundfünfzig so gut gefällt«, antwortete Ruthie.

»Weil dir die Zahl so gut gefällt?« Reverend Camden kratzte sich am Kopf. »Und was ist das Besondere an der Einundfünfzig?«

»Keine Ahnung. Auch wenn sich das jetzt komisch anhört, aber vielleicht brauche ich Hilfe in Mathe. Mommy, kannst du mir nicht in Mathe helfen?«, bettelte Ruthie.

Mrs. Camden war irritiert. Was ging hier vor? Bis jetzt hatte Ruthie noch nie lernen müssen. Warum fiel ihr Mathe plötzlich so schwer?

»Ja, natürlich helfe ich dir«, beruhigte sie Ruthie. »Heute Abend setzen wir uns zusammen hin, nur wir beide, und besprechen deine Mathe-Hausaufgaben, okay?«

Ruthie grinste. »Danke, Mommy.« Sie drehte sich zu Simon um und gab ihm ein Zeichen.

Reverend und Mrs. Camden starrten Simon an. Was hat das zu bedeuten?, grübelte Mrs. Camden. Was hecken die beiden aus?

Simon beeilte sich, Ruthie auf ihrem Weg nach oben einzuholen. »Hey, was war denn das?«, wollte er wissen.

Ruthie drehte sich um »Du hast doch gesagt, dass jemand quietscht, wenn er schlecht in der Schule ist. Jetzt müssen Mom und Dad mich ölen.« Sie beugte sich zu ihrem Bruder. »Danke, ich schulde dir was«, erklärte sie mit großen Augen.

»Nein!«, protestierte Simon. »Dafür bin ich nicht verantwortlich. Das habe ich so nie gesagt.«

Ruthie kam noch näher. »Man muss eben zwischen den Zeilen lesen können«, flüsterte sie verschwörerisch. Dann richtete sie sich auf und rannte die Treppen hoch.

Simon war ihr dicht auf den Fersen. Damit würde sie nicht durchkommen. »Ruthie, warte …«

Als sie oben ankamen, stießen sie beinahe mit Matt zusammen, der gerade über den Flur stürmte. »Schnell! Was könnte andere Leute an mir nerven?«, wollte er wissen.

Ruthie tänzelte um Simon herum, bahnte sich den Weg zu ihrem älteren Bruder. »Hoowie findet, dass du manchmal stinkst«, klärte sie Matt auf.

»Was? Dein unsichtbarer Freund findet, dass ich stinke?« Matt war fassungslos – jetzt hatten sogar schon die unsichtbaren Kids etwas gegen ihn?

Ruthie nickte. »Sorry, aber das stimmt.«

»Vielleicht liegt's an deinem Rasierwasser«, überlegte Simon.

Matt seufzte und strich sich mit der Hand durch das Haar. »Ich benutze aber gar kein Rasierwasser.«

»Tja, dann denk mal schön darüber nach, mein Lieber«, sagte Simon.

»Bis bald, Stinker!«, rief Ruthie und war schon an ihrer Tür. Simon schaute Matt an und zuckte die Schultern. Dann nahm er wieder die Verfolgung auf. Matt stand einen Moment auf dem Gang und nahm seine Erscheinung in dem großen Spiegel genauer unter die Lupe. Nein, das war zu einfach – und außerdem meinten fast alle Mädchen, dass er gut roch.

Was ist es dann?, zermarterte er sich den Kopf.

Er ging ins Badezimmer und öffnete das Toilettenschränkchen. Als Erstes fiel sein Blick auf das Aftershave seines Vaters. Kann bestimmt nicht schaden, mal Rasierwasser auszuprobieren ..., überlegte er.

Mary saß im Wohnzimmer und las, als Nicole und Lucy die Küche verließen. Quatschend gingen sie die Treppe hinauf.

»Okay, nehmen wir mal an, Danny hätte dich zurückgegrüßt«, hörte sie Lucy sagen. »Was hättest du dann geantwortet?«

Nicole kicherte. »Weiß nicht. Wahrscheinlich gar nichts!«

»Na ja, aber du solltest schon vorbereitet sein«, erklärte Lucy. »Irgendwann ist es nämlich garantiert so weit.«

»Glaub ich nicht.« Nicole wirkte deprimiert.

Mary stand von der Couch auf und beeilte sich, die beiden einzuholen. Sie fand es unglaublich, dass sie sich schon wieder den ganzen Abend über Danny Johnson ausließen – wer auch immer das war.

»Lucy, wir sollten reden«, forderte Mary ihre Schwester auf.

»Sollten wir?«, antwortete Lucy herausfordernd.

»Ja«, entgegnete Mary und nahm Nicole ins Visier. »Unter vier Augen.«

Nicole war verletzt, rang sich aber zu einem Lächeln durch. »Klar doch. Ich geh schon mal in dein Zimmer«, sagte sie zu Lucy gewandt.

»Ich bin gleich bei dir«, versprach Lucy. »Und hier ist der Beweis.« Sie reichte Nicole ihre Schüssel Eiscreme. »Noch bevor die geschmolzen ist, bin ich da.«

Nicole ging die restlichen Stufen hinauf und versteckte sich, sobald sie um die Ecke gebogen war. Sie wollte mithören, was Mary zu sagen hatte. Denn sie hatte das dumpfe Gefühl, es könne etwas mit ihr zu tun haben.

»Ich kann nicht glauben, dass du Dad angelogen hast.« Ihrem Tonfall nach zu urteilen war Mary nun wirklich sauer.

»Lügen kann man das ja wohl nicht nennen«, antwortete Lucy ruhig. »Dad hat nur gefragt, wie's in der Schule war. Um den Biotest ging es gar nicht. Also habe ich nicht gelogen, ich habe ihm nur nicht die ganze Wahrheit erzählt.«

»Eine Lüge bleibt eine Lüge!«

»Danke für den Hinweis«, erwiderte Lucy trocken. »Und jetzt muss ich hoch. Meine Freundin wartet!« Sie wollte sich umdrehen, doch Mary fasste sie am Ärmel.

»Du bist nicht mehr du selbst ... und ich weiß auch warum. Ich weiß Bescheid.«

Lucy befreite sich aus dem Griff ihrer älteren Schwester und warf ihr einen verächtlichen Blick zu. »Ach ja? Seit wann bist du da eine Expertin?«, wollte sie wissen.

Mary fuhr fort, ohne auf Lucys Frage einzugehen. »Ich glaube, dass deine neue Freundin schuld daran ist, dass du dich so verändert hast.«

Nicole, die zusammengekauert am Treppenabsatz saß, fing unwillkürlich an zu zittern. Als würde sie mich kennen, ging es ihr durch den Kopf, aber das geht doch gar nicht ... oder doch?

»Hör endlich auf, meine Freundin schlecht zu machen, ja? Nicole ist hier willkommen«, setzte Lucy sofort zu Nicoles Verteidigung an.

Tränen stiegen Nicole in die Augen. Lucy ist eine so gute Freundin, dachte sie, ich verdiene sie gar nicht. Wenn sie wüsste ...

»Und in Zukunft halt dich raus aus meinen Angelegenheiten!«, befahl Lucy gereizt und stieg die Treppen hoch.

»Jetzt hör doch mal zu – mit deiner Freundin stimmt irgendwas nicht!«, rief Mary ihr hinterher. Nicole hörte Lucy näher kommen und huschte rasch in deren Zimmer.

»Das meinst *du*«, fauchte Lucy zurück. »Und da liegst du verdammt falsch!«

6

Später am Abend schaute Simon noch einmal bei Ruthie hinein, um mit ihr zu sprechen. Irgendwie musste er sie davon abhalten, weiter schlechte Noten zu schreiben. Nach der Aufmerksamkeit der Eltern zu verlangen war eine Sache, bei Arbeiten durchzufallen eine andere.

Ruthie wirbelte durch das Zimmer, als würde sie an einem Kostümwettbewerb zu Halloween teilnehmen. Sie trug ein Schmetterlingskostüm mit angesteckten Flügeln. Um ihren Hals hingen ein gutes Dutzend unterschiedlicher Ketten und ihre Hände schmückten schwarzweiß gestreifte Handschuhe. Neben ihrem Schreibtisch saß Happy mit einer Clownsmütze zwischen den Ohren. Ruthie hatte Musik angemacht und tanzte vom Bett zum Schrank und wieder zurück. Dabei wurden ihre Stofftiere arg in Mitleidenschaft gezogen.

»Ruthie!«, versuchte Simon sich Gehör zu verschaffen. »Halt mal kurz die Musik an, bitte! Ich muss mit dir reden.«

Sie schnippte ihm ins Gesicht und tanzte weiter.

»Ruthie! Du kannst nicht einfach deine Arbeiten verhauen«, erklärte Simon.

»Wieso denn nicht?« Ruthie zuckte die Achseln.

»Darum eben. Sonst stecken sie dich in ein Internat oder so«, sagte Simon. »In eine Schule mit eigenem Bus«, fügte er bedeutungsschwer hinzu.

»Wirklich? Cool!«, rief Ruthie entzückt. »Welche Farbe hat der Bus?«

Simon hob verzweifelt die Hände. Ihm wurde klar, dass er so nicht zu Ruthie durchdringen würde.

»Nein, das ist alles andere als cool. Hör auf damit«, verlangte er. »Morgen gehst du wieder zur Schule und strengst dich an.«

»Keine Chance«, rief Ruthie und schüttelte energisch den Kopf. »Arbeiten zu verhauen macht Spaß!«

Simon stemmte die Hände in die Hüften und starrte sie an. »Das ist doch wohl nicht dein Ernst. Niemandem macht es Spaß, Arbeiten zu verhauen!«

»Na ja, das Wichtigste ist doch, dass es funktioniert!« Ruthie nahm eine silberne Haarspange von der Frisierkommode und steckte sie sich ins Haar. »Du hast doch selbst gehört, was Mom gesagt hat – sie wird mit mir lernen. Früher hat Mom mir nie geholfen.«

»Oh, doch«, entgegnete Simon wie aus der Pistole geschossen. »Bist du jetzt völlig verrückt geworden? Sie war ständig für dich da.«

Ruthie runzelte die Stirn. »Hör endlich auf, mich durcheinander zu bringen. Du siehst doch, dass ich jetzt ein quietschendes Rad bin – wie Lucy.« Sie tanzte durch das Zimmer und sang dabei voller Inbrunst »Quietsch, quietsch, quietsch!«

Simon brach auf ihrem Bett zusammen.

»Juhuu, besser hätte es nicht laufen können!« Ruthie tätschelte ihm den Kopf. »Danke, Simon!«

Simon vollführte eine Drehung und verkroch sich inmitten von Ruthies Stofftieren. Wo bin ich da bloß hineingeschlittert?, fragte er sich.

»Ich kann es kaum abwarten, endlich ins Bett zu kommen und die Füße hochzulegen«, seufzte Mrs. Camden und griff in eine Dose Nüsse. Sie lehnte am Küchentresen und schaute ihrem Mann zu, wie er nach dem Essen die Küche aufräumte.

»Ich könnte auch eine Pause vertragen«, erwiderte der Reverend, während er eine Pfanne abtrocknete. »Aber zuerst muss ich noch Nicole nach Hause bringen.«

»Wärst du sehr böse, wenn ich dann schon eingeschlafen bin?«, wollte Mrs. Camden wissen. »Ich bin total erledigt ... Oh nein, das habe ich ja ganz vergessen. Ich habe Ruthie versprochen, mit ihr zu lernen. Hoffentlich kann ich meine Augen noch offen halten.« Sie knabberte noch einige Cashew- und Pecannüsse. Dann ein paar Erdnüsse. »Oooh, Paranüsse!« Begeistert stopfte sie sich eine in den Mund.

Plötzlich rauschte Mary herein, mit finsterem Blick. »Mom? Dad?«, sagte sie. »Ich habe Neuigkeiten.«

»Ja?«, antwortete Reverend Camden, schloss die Schranktür und wandte sich seiner Tochter zu. »Gute Neuigkeiten? ... Obwohl, deinem Gesichtsausdruck nach zu urteilen, eher schlechte.«

Mary verschränkte die Arme vor der Brust. »Lucy hat euch angelogen«, machte sie ihrem Ärger Luft.

»Was?«, fragte Reverend Camden ungläubig. »Lucy lügt?«

Mary lehnte sich an den Tresen. »Lucy hat heute in Bio eine Fünf geschrieben«, erklärte sie. »Eigentlich sollte sie euch den Test zum Unterschreiben vorlegen. Aber das hat sie nicht, oder täusch ich mich da?«

Mrs. Camden und der Reverend schüttelten beide den Kopf.

»Du hast sie gefragt, wie es in der Schule war, und sie meinte ›Schön‹. Also hat sie gelogen«, erklärte Mary. »Und das ist noch nicht alles. Nach der Schule bin ich an ihrem Klassenzimmer vorbeigekommen und habe gehört, wie Mr. Jackson ihr und Nicole gesagt hat, dass sie den Kurs vielleicht nicht bestehen. Und wenn Lucy sich nicht anstrengt, muss sie ihn nächstes Jahr wiederholen«, fuhr Mary fort und war auf die Reaktion ihrer Eltern gespannt.

Mrs. Camden konnte es nicht glauben. Lucy war doch immer eine gute Schülerin gewesen.

»Ich hab gleich gewusst, dass Nicole kein guter Umgang für sie ist«, sagte Mary nach einem kurzen

Moment, in dem ihre Eltern die Neuigkeiten verdauen sollten.

»Und was hat Lucys schlechter Test mit Nicole zu tun?«, wollte ihre Mutter wissen.

»Ja, woher willst du das wissen?«, fragte nun auch Reverend Camden.

»Weil Bio der einzige Kurs ist, den sie und Nicole zusammen haben«, klärte Mary ihre Eltern auf. »Und der einzige Kurs, in dem Lucy einen Test vermasselt hat.« Sie ließ einige Sekunden verstreichen, um das Gesagte sacken zu lassen, und fuhr dann fort. »Soll ich Lucy runterholen? Sie und Nicole sind nämlich oben und machen sich einen lustigen Abend – lernen tun sie jedenfalls nicht!«

Mrs. Camden warf ihrem Mann einen unschlüssigen Blick zu. Natürlich war sie wütend, andererseits wollte sie Lucy aber auch keinen Vortrag halten – jedenfalls nicht, ehe sie das Ganze auch aus ihrer Sicht gehört hatte.

»Mom, du rückst ihr doch den Kopf zurecht, oder?«, hakte Mary nach.

»Zuerst einmal sollten wir Lucy die Möglichkeit geben, ihre Sicht der Dinge darzulegen«, sagte Mrs. Camden.

Der Reverend nickte zustimmend. »Das wird wohl das Beste sein.« Er zögerte kurz und schaute Mary direkt ins Gesicht. »Du weißt, dass das nicht gerade nett ist, so seiner Schwester in den Rücken zu fallen.«

Mary fiel die Kinnlade herunter. »He, Moment mal – ich habe euch informiert, dass Lucy Bio vermasselt und euch angelogen hat, und jetzt bin *ich* schon wieder die Böse? Entschuldigt mal, wo sind wir hier eigentlich? Und wie behandelt *ihr* mich?« Sie machte auf dem Absatz kehrt und stürmte aus der Küche.

Reverend Camden legte seiner Frau die Hand auf die Schulter. »Dann wollen wir mal den Tag Revue passieren lassen. Bis jetzt haben wir zwei Leistungsschwache, jemanden, der Zuwendung braucht, jemanden, der sich zurückgestoßen fühlt, und einen blonden Jungen, der irgendetwas auf dem Kerbholz hat.«

Mrs. Camden tätschelte ihren Bauch. »Und zwei weitere Störenfriede sind schon unterwegs.«

7

Mary rannte die Treppe hinauf. Wenn Lucy nicht zu ihren Eltern ging und ihre Eltern sie nicht anhören wollten – tja, dann hatte sie wohl keine Wahl: Sie musste noch einmal Lucy zur Rede stellen. Auf der Hälfte des Weges bremste Mary abrupt ab.

Bin ich eigentlich verrückt?, schoss es ihr durch den Kopf. Ist Nicole wirklich so ein schlechter Umgang? Eigentlich hat sie doch gar nichts Schlimmes gemacht. Aber irgendwie habe ich so ein komisches Gefühl ...

Mary nahm noch ein paar Stufen und wollte gerade an der Tür zum Dachboden vorbei, als diese mit einem Mal aufging und Matt in den Flur stolperte.

»Ich muss mit dir sprechen. Oben in meinem Zimmer. Jetzt«, redete er auf sie ein.

Aus Marys und Lucys Zimmer waren gedämpfte Lachsalven zu hören.

»Tut er nicht!«, glaubte Mary Nicoles Stimme zu erkennen.

»Tut er doch!«, entgegnete Lucy. Dann fingen die beiden wieder an zu kichern.

Mary stöhnte entnervt auf. »Was würde ich dafür geben, dass dieses Gegackere endlich ein Ende hat!«

»Gehen wir«, forderte Matt sie auf. Er nahm Mary am Arm und zog sie die restlichen Stufen hinauf bis zu seinem Zimmer auf dem Dachboden.

»Was ist denn los mit dir?«, wollte Mary wissen. Sie konnte sich nicht entsinnen, jemals von Matt um Hilfe gebeten worden zu sein.

»Sie heißt Becky«, setzte Matt an. »Und sie ist das hübscheste Mädchen auf dem ganzen Campus. Gestern haben wir uns in der Bibliothek unterhalten und ich habe sie um ein Date gebeten … zum Lernen.« Er zuckte resigniert die Achseln.

»Okay …« Mary betrat Matts Zimmer. »Was ist dann passiert?«

»Sie hat nein gesagt. Einfach so. Nein.« Matt schüttelte den Kopf. »Unglaublich, stimmt's?«

Mary zuckte die Schultern. »Und was hat das mit mir zu tun?«

Matt schloss die Tür hinter sich. Die Dartscheibe auf der Rückseite klapperte. »Man könnte glauben, du findest die Sache total unwichtig.«

»Ist sie ja auch. Was soll's, wenn Becky nicht mit dir ausgehen will? Das kommt vor, Matt«, sagte Mary und zuckte erneut mit den Schultern.

»Ja, ich weiß, dass das vorkommen kann, und ich sage ja auch nicht, dass ich noch nie einen Korb bekommen habe.« Er schwieg einen Moment. »Aber ich habe noch nie einen Korb bekommen! Egal, aber diese … diese …«

»Zurückweisung?«, schlug Mary vor.

Zwischen Matts Augenbrauen bildete sich eine tiefe Furche. Aus ihrem Mund klang dieses Wort so brutal. »Ja. Genau. Ich dachte, dass vielleicht, nur vielleicht, irgendetwas an mir abstoßend sein könnte.«

»Das ist zumindest eine Möglichkeit«, stimmte Mary ihrem Bruder zu. Matts Ego war ihr schier unbegreiflich. Er verhielt sich so, als hätte er noch nie mit dem Gedanken gespielt, dass ihn eine Frau nicht attraktiv finden könnte. Natürlich sah er gut aus, aber Aussehen war nun einmal nicht alles.

»Hilf mir da raus«, sagte Matt und fuhr sich mit der Hand durch das Haar. »Ich weiß, dass das schwer ist, aber … ich möchte doch nur wissen, was einer Frau vielleicht an mir nicht gefallen könnte.«

Mary schüttelte den Kopf. Wie wär's mit deiner Arroganz?, dachte sie. Schon allein diese Frage …

»Das könnte problematisch werden«, erklärte sie. »Sogar sehr problematisch. Du willst also deine … Schwächen von mir hören?«

»Ich schwöre – egal, was du sagst, ich nehme es dir nicht übel«, versprach Matt. »Bitte.«

»Oh. Na gut, in diesem Fall fange ich mal mit deinem langen Haar an«, begann Mary, während sie Matt eingehend musterte. »Vielleicht findet sie es irgendwie feminin.«

Matt beäugte seine Spiegelbild. *So* lang war sein Haar nun auch wieder nicht. Und wie ein Mädchen sah er nun wirklich nicht aus! »Daran kann's nicht liegen«, entschied er.

»Gut. Dann ist es vielleicht deine überzogene Selbstsicherheit, die einen manchmal stört«, fuhr Mary fort.

»Das ist einfach nur ... ein gesundes Selbstvertrauen«, entgegnete Matt.

»Vielleicht liegt es auch an diesen seltsamen Bartstoppeln unter deiner Lippe. Apropos, was ist das eigentlich genau?«, rätselte Mary. »Oder es könnte an ...«

»Danke, Mary. Du warst mir eine große Hilfe«, sagte Matt und schob seine Schwester auf die Tür zu.

»Ich habe nicht damit angefangen!«

»Ja, ich weiß. Und jetzt fange ich damit an, mich von dir zu verabschieden. Auf Wiedersehen!«, rief Matt und öffnete die Tür.

Davor kauerte Simon und beteuerte sofort: »Ich hab nicht gelauscht!«

»Klar«, erwiderte Matt und verdrehte entnervt die Augen.

»Aber falls du meine Meinung hören willst ...«, setzte Simon an. »Mir ist da was eingefallen. Vielleicht gefällt Becky dein Outfit nicht.«

»Könnte stimmen«, nickte Mary und grinste Simon an. »Vielleicht ist es das. Aber es gibt es ja auch noch genug andere Möglichkeiten.«

»Ich dachte ja nur…« Simon zuckte die Achseln und erhob sich. Er und Mary tauschten einen abschätzenden Blick, als sie Matts Jeans und sein verlottertes T-Shirt einer eingehenden Prüfung unterzogen.

Matt schüttelte den Kopf. »Ich muss hier raus – am besten schon morgen«, erklärte er und schlug ihnen die Tür vor der Nase zu.

»Klar doch, Kampf den Miesmachern«, rief Simon durch die Tür. Lachend rannten er und Mary die Treppe hinunter.

Etwas später klopfte Mrs. Camden sachte an Ruthies Tür. »Hallo? Jemand da?«, wollte sie wissen. »Lernt da jemand schon fleißig?«

Keine Antwort. Sie klopfte erneut und öffnete die Tür einen kleinen Spalt breit. »Hallo?«

Drinnen stolzierte Ruthie in High Heels durch das Zimmer. Sie deckte gerade die Teetafel für ihre Puppen. Happy trug einen überdimensionalen Schlapphut und saß ebenfalls am Tisch.

Mrs. Camden räusperte sich gut vernehmlich, um ihre Tochter auf sich aufmerksam zu machen. Ruthie wirbelte herum. »Hallo Mom! Wie findest du Happys Hut?«, rief sie sofort.

Happy schüttelte den Kopf, sodass der Hut zu Boden fiel. »Nach Lernen sieht es mir hier aber gar nicht aus«, stellte Mrs. Camden fest.

»Ich wollte nicht ohne dich anfangen, das ist alles«,

erklärte Ruthie. »Die Aufgaben sind einfach zu schwer – ohne dich schaffe ich die nicht.«

»Gut, dann lass uns keine Zeit verschwenden«, sagte Mrs. Camden und setzte sich auf Ruthies Bett. »Wo ist dein Buch?«

Rasch griff Ruthie nach ihrem Mathebuch und machte es sich neben ihre Mutter gemütlich.

»Okay«, begann Mrs. Camden, während sie nach der richtigen Seite blätterte. »Fangen wir direkt mit den Rechenaufgaben an – damit hattest du ja Probleme.«

»Na gut«, antwortete Ruthie. Sie musste sich zusammenreißen, um ihrer Begeisterung nicht freien Lauf zu lassen.

»Schau dir das Bild an.« Mrs. Camden wies auf das Buch. »Auf dem Teppich sind sechs kleine Hunde und drei kleine Hunde wollen noch auf den Teppich. Wie viele Hunde sind es dann insgesamt?« Erwartungsvoll lächelte sie ihre Tochter an.

Angestrengt zählte Ruthie. »Zwanzig«, gab sie dann zur Antwort.

Mrs. Camden hielt Ruthie das Buch direkt unter die Nase. »Bist du da sicher?«

»Oh. Sorry, Mom«, rief Ruthie aus und schlug sich vor die Stirn. »Ich habe mich geirrt. Es sind ... fünfzehn kleine Hunde. Hab ich Recht?« Sie wartete kurz und musterte das Gesicht ihrer Mutter. »Stimmt das?«

Mrs. Camden schüttelte den Kopf. Sie war sich

sicher, dass Ruthie noch vor wenigen Tagen alle Antworten gewusst hatte.

»Nein …«, sagte sie dann langsam. »Nicht einmal annähernd.«

»Huch, dann brauche ich wohl sehr viel Hilfe, oder nicht?«, fragte Ruthie. »Am besten üben wir jeden Abend zusammen, auch wenn die Babies da sind.«

Mrs. Camden rang sich ein dünnes Lächeln ab. Darauf wollte ihre Tochter also hinaus.

Ruthie beugte sich über den Bauch ihrer Mutter. »Alles okay mit euch da drinnen?«

Mit einem unguten Gefühl betrat Lucy das Arbeitszimmer ihres Vaters. Sie wusste nicht, warum er sie hergebeten hatte und war sehr nervös. Er hätte sie und Nicole nicht gestört, wenn die Sache nicht wichtig gewesen wäre.

»Dad, brauchen wir lange?«, wollte Lucy wissen. »Du weißt ja, dass ich nicht alleine bin. Nicole ist oben.«

»Ich weiß, dass du nicht alleine bist«, begann Reverend Camden. »Und ich werde Nicole auch gleich nach Hause fahren. Ich weiß Bescheid über den Biotest.«

Lucy war dem Explodieren nahe. Dass Mary sie so hintergehen konnte! Ist sie nicht ein bisschen zu alt für solche Petzereien?, dachte sie wütend. Hat sie nichts Besseres zu tun?

»Mary redet zu viel«, sagte sie, bemüht um einen

möglichst neutralen Ton. »Warum hat sie nicht einfach ihren Mund gehalten?«

»Wenn du deinen Mund nicht gehalten hättest, dann wäre es gar nicht erst so weit gekommen«, erklärte Reverend Camden. »Warum hast du mich angelogen, als ich dich nach der Schule gefragt habe? Du wolltest mir weismachen, alles sei bestens gelaufen. Aber angesichts der Tatsache, dass du den Biotest verhauen hast, kann ich das kaum glauben.«

Lucy schnappte sich den gläsernen Briefbeschwerer vom Schreibtisch ihres Vaters und begann damit herumzuspielen. »Tut mir Leid«, sagte sie dann. »Ich wollte dich nicht anlügen. Wirklich. Ich wollte dir alles erzählen, sobald Nicole weg ist.

Zumindest hatte ich das vor, dachte Lucy.

»Ah ja, da fällt mir noch etwas ein. Vielleicht sollten wir uns bei dieser Gelegenheit auch einmal über Nicole unterhalten«, sagte Reverend Camden ernst.

»Was meinst du damit: Wir sollten uns über Nicole unterhalten?«

»Wenn eure Freundschaft deine schulischen Leistungen beeinträchtigt – vor allem die in Biologie – dann solltet ihr euch nicht mehr so oft sehen.«

»Wie kommst du denn darauf? Ich habe den Biotest doch nicht wegen Nicole verhauen«, ereiferte sich Lucy. »Das ist nur Marys Meinung, weil sie Nicole nicht leiden kann.«

»Nun gut, wenn es nicht an Nicole liegt, woran dann?«, fragte Reverend Camden. »Bis jetzt hattest du doch noch nie Probleme in den Naturwissenschaften.«

Lucy legte den Briefbeschwerer zurück auf den Schreibtisch. »Aber das war Naturwissenschaft auf Junior High-Niveau, Dad. Jetzt geht es um Highschool-Biologie, und die ist schwer. Wirklich schwer«, erklärte sie.

»Okay. Und ...«

»Und davon einmal abgesehen, ist in diesem Schuljahr alles anders«, rief Lucy. »Alles ist schwerer, aber Bio ist am schwersten! Ich verstehe gar nichts mehr.«

»Dann brauchst du vielleicht Nachhilfe«, schlug Reverend Camden vor. »Jemand, der dir das Ganze vermittelt.«

»Nachhilfe?«, wiederholte Lucy. Sie musterte ihren Vater und war sich nicht klar darüber, ob er Witze machte. »Du meinst jemanden ... zum Beispiel einen älteren Jungen von der Highschool, der wie Brad Pitt aussieht und wahnsinnig viel auf dem Kasten hat? Verstehst du das unter Nachhilfe?«

»Nein. Ich dachte da an jemanden, der ein wenig älter ist. Einen Pastor-der-schnell-die-Geduld-mit-seiner-Tochter-verliert-Nachhilfelehrer«, klärte Reverend Camden sie auf.

»Oh«, erwiderte Lucy. »Ich verstehe.«

»Ich helfe dir gerne in Biologie, jeden Abend, bis du besser geworden bist«, bot er an.

Lucy hatte das Gefühl, dass das noch nicht alles war. Sie wartete darauf, dass ihr Vater wieder auf Nicole zu sprechen kam und ihr den Umgang mit ihrer besten Freundin untersagte. Aber er wartete nur auf ihre Antwort.

»Das war alles? Wirklich?«, wollte sie wissen. »Und ich bekomme keine Strafe oder so etwas in der Art?«

»Nein. Unter einer Bedingung: keine Lügen mehr.« Reverend Camden wirkte fest entschlossen.

Lucy nickte. »Geht klar, Dad. Danke!« Sie ging um den Schreibtisch herum und umarmte ihren Vater. Er erwiderte die Umarmung. Lucy fühlte sich so schuldig, dass sie sich schwor, ihren Eltern nie wieder etwas zu verheimlichen.

Sie trat einen Schritt zurück und schenkte ihrem Vater ein unsicheres Lächeln. »Und was ist mit Nicole?«, wollte sie wissen. »Sie braucht auch Hilfe in Bio. Sie hat noch schlechter abgeschnitten als ich.«

»Es wäre mir ein Vergnügen, euch beiden zu helfen, wenn ihre Eltern einverstanden sind«, erklärte Reverend Camden. »Ich gebe euch beiden Nachhilfeunterricht.«

»Du bist der Beste!«, freute sich Lucy. »Und das sage ich nicht nur wegen der Sache mit der Bestrafung, das schwör ich.« Erneut umarmte sie ihren Vater stürmisch.

»Mmmmm, ich weiß nicht so recht.« Reverend Camden grinste verschmitzt.

»Wirklich, Dad. Du kannst mir glauben.«

»Na gut, dann wollen wir mal nicht so sein. Morgen fangen wir an – nachdem ich mit Nicoles Eltern gesprochen habe«, erklärte der Reverend. »Und du gehst nach oben und lernst, okay?«

Mary konnte ihr Glück kaum fassen – endlich hatte sie ihr Zimmer für sich allein. Lucy war unten bei ihrem Vater und Nicole hatte sie schon seit über fünf Minuten nicht mehr gesehen. Vielleicht ist sie auch unten, überlegte sie, schließlich können die beiden ja nicht ohne einander. Dann machte sie sich auf den Weg ins Bad, um sich das Gesicht zu waschen.

Die Tür zum Badezimmer war angelehnt. Mary stieß sie auf, in dem Glauben, alleine zu sein. Drinnen stand Nicole vor dem Waschbecken und musterte sich im Spiegel. Eine Träne rann ihre Wange hinunter.

Mary holte tief Luft, als sie sah, was Nicole in der Hand hielt.

Nicole fuhr herum. »Mary!«, rief sie und flehte: »Bitte ... bitte, sag nichts.«

»Ich ... ich sag nichts«, stammelte Mary, viel zu schockiert, um einen klaren Gedanken zu fassen.

»Versprich mir ... bitte ... dass du niemandem etwas sagst«, wiederholte Nicole.

»Ich verspreche es«, sagte Mary völlig überrumpelt und reichte Nicole ein Handtuch. »Bist du in Ordnung?«

»Ja. Ich meine ... nein«, gab Nicole zu. »Eigentlich nicht.«

8

Am Donnerstagmorgen tat Lucy alles, was in ihrer Macht stand, um Mary mit Nichtachtung zu strafen. Sie war noch immer sauer, dass ihre ältere Schwester sie verpetzt hatte. Auch wenn sie einer Strafe entgangen war. Das würde sie ihr nie verzeihen. Lucy versuchte fertig zu werden, bevor Mary aus der Dusche kam. Doch gerade als sie sich anzog, trat Mary, in ihren Frottee-Bademantel gehüllt, ins Zimmer. Rasch steckte Lucy sich eine hellblaue Spange ins Haar, nahm ein Paar Socken aus der Kommode und knallte die Schublade lautstark zu.

»Lucy«, begann Mary, »können wir nicht kurz reden?«

Lucy gab keine Antwort. Sie zog sich Socken und Schuhe an und griff nach ihrem Schminktäschchen auf der Kommode. Sie war schon halb aus der Tür, als Mary sie am Arm packte.

»Lucy, jetzt warte doch …«, begann sie erneut. »Es ist wichtig.«

»Ich rede nicht mehr mit dir«, fauchte Lucy zurück. »Egal was ich sage, du drehst mir die Worte im Mund um und posaunst sie dann in alle Welt!«

»Aber …«, versuchte Mary erneut zu Wort zu kommen. »Das habe ich doch nur getan, weil …«

»Weil du die Ältere bist. Du meinst doch, du kannst mich auf Schritt und Tritt überwachen und dazu noch anschwärzen«, ereiferte sich Lucy. »Klasse. Herzlichen Glückwunsch. Du hast es geschafft!« Sie knallte die Tür hinter sich zu und polterte lautstark die Treppe hinunter.

Mary wird mir nicht den Tag versauen, dachte sie. Dad und ich haben gestern Abend alles geklärt – die Probleme sind vom Tisch. Was will Mary dann noch?

Oben stand Matt vor seinem Spiegel. Er trug ein weites Sweatshirt, Kargohosen und Turnschuhe. Nein, dachte er entnervt, das sieht einfach unmöglich aus.

Auf der verzweifelten Suche nach einem anderen Outfit durchwühlte er seinen Schrank. Als Nächstes kam der einzige Zweiteiler an die Reihe, den er besaß: schwarze Flanellhosen und ein schwarzes Jackett, über einem edlen weißen Shirt. Wieder musterte er sein Spiegelbild. Als würde ich zu einer Hochzeit gehen – und nicht in die Schule, überlegte er.

Nach einer unglaublich schnell vergangenen Viertelstunde gab Matts Schrank nichts Neues mehr her. An allem hatte er etwas auszusetzen. Der Fußboden war mittlerweile übersät mit zusammengeknüllten Klamotten. Und in fünf Minuten musste er los.

Warum hab ich bloß auf Simon gehört?, dachte Matt. Als ob der eine Ahnung hätte, was Klamotten oder Frauen angeht – und überhaupt! Matt schüttelte den Kopf.

Er zog sich ein Paar Jeans und ein schlichtes weißes T-Shirt über, raffte seine Bücher zusammen und schlüpfte in die Boots neben der Tür. Dann stürmte er nach unten in die Küche. Als er an der Schlafzimmertür seiner Eltern vorbeikam, fiel ihm plötzlich der olivefarbene Sakko ein, den sein Vater vor einigen Tagen getragen hatte.

Er rannte in das Zimmer und zog die Jacke vom Bügel. Nur für den Fall, dass Simon vielleicht doch Ahnung hat, sagte er sich.

Reverend Camden war in seinem Arbeitszimmer und gerade auf dem Sprung in die Kirche, als es klopfte. »Hast du eine Minute für mich?«, fragte Mary.

Der Reverend runzelte besorgt die Stirn. »Natürlich. Was hast du denn für ein Problem?«

Mary schien durcheinander. »Wie kommst du darauf, dass ich ein Problem habe?«

»Du siehst so aus«, erklärte ihr Vater. »Es steht dir fast auf die Stirn geschrieben.«

Mary brachte ein misslungenes Lächeln zu Stande. »Na ja, ich habe nachgedacht. Und ich bin zu dem

Entschluss gekommen, dass du und Mom Lucy verbieten solltet, Nicole zu treffen«, sagte sie kurz entschlossen. Ihr war klar, dass ihr Vorschlag übertrieben wirkte, aber sie wusste sich nicht anders zu helfen.

»Wir haben die Sache schon anders geklärt«, unterrichtete ihr Vater sie. »Verbieten werde ich gar nichts – dafür gebe ich den beiden Nachhilfe in Biologie, bis ihre Noten wieder besser sind.«

»Dad, es geht nicht um diesen einen Test – und auch nicht um den Kurs«, gab Mary zu verstehen. »Es geht um Nicole.«

»Ich weiß, dass du Nicole nicht magst«, sagte Reverend Camden. »Aber du solltest auch nicht vergessen, dass Lucy schon lange keine echte Freundin mehr hatte. Und Lucy liegt wirklich viel an Nicole.«

Ich weiß, dachte Mary, aber Nicole ist nicht die Art von Freundin, die du gern für deine Tochter hättest.

»Gut. Dann spreche ich eben selbst mit Lucy«, beschloss Mary frustriert.

»Das ist eine gute Idee«, pflichtete Reverend Camden ihr bei.

»Eigentlich schon. Das Problem ist nur, dass Lucy nicht mit mir spricht«, erklärte Mary.

»Lass ihr Zeit«, riet der Reverend. »Du weißt doch, wie Lucy sein kann. Sie beruhigt sich auch wieder.«

Wieder lächelte Mary gequält. Sie wollte ihren Vater nicht beunruhigen. Wenn er erfuhr, was los war, wäre er am Boden zerstört – wegen Nicole und wegen Lucy.

»Warum ziehst du nicht einfach andere Schuhe an?«, schlug Simon Ruthie vor. Seit über fünf Minuten suchten sie jetzt schon nach dem fehlenden roten Halbschuh.

»Weil ich nicht einfach irgendwelche Schuhe tragen möchte. Es sollten die Boots sein – meine Glücksschuhe«, erklärte Ruthie.

»Ah ja ... und du brauchst sie, damit sie dir Glück für den heutigen Mathetest bringen, stimmt's?«, wollte Simon wissen. »Dann bestehst du ihn diesmal also?«

»Genau!«, strahlte Ruthie. »Na ja ... nicht wirklich. Ich brauche das Glück nicht, um den Test zu bestehen – sondern, um ihn nicht zu bestehen.« Sie grinste und war sehr stolz auf sich. Schon eine Stunde hatte ihre Mutter ihr gewidmet. Wenn sie heute wieder eine schlechte Note schrieb, wer weiß, wie viel Zeit sie dann mit ihr verbringen würde?

Kopfschüttelnd kroch Simon über den Boden, warf einen Blick unter das Bett. »Jetzt komm schon, Ruthie. Du hast deinen Spaß gehabt. Du hast bekommen, was du wolltest. Mom hat dir beim Lernen geholfen, und du warst der Mittelpunkt. Aber so langsam solltest du wieder in die Normalität zurückkehren und gute Zensuren schreiben.«

»Hmm. Ich habe doch ganz viel Aufmerksamkeit bekommen, oder?«, fragte Ruthie beharrlich.

»Eine Unmenge sogar«, erwiderte Simon trocken. »Und das nur für eine einzige schlechte Arbeit. Stell dir mal vor, wie es erst läuft, wenn ich nur noch schlechte Arbeiten schreibe!« Ruthie lief durch das Zimmer, etwas ungelenk, weil sie nur einen Schuh anhatte. »Vielleicht zieht sie sogar zu mir, damit sie neunundzwanzig Stunden am Tag mit mir lernen kann.«

»Vierundzwanzig Stunden«, korrigierte Simon sie. »Ein Tag hat nur vierundzwanzig Stunden.«

Ruthie musste lachen. »Weiß ich doch längst«, flüsterte sie. »Ich übe nur.«

Simon stöhnte auf. »Ich habe ein kleines Monster aus dir gemacht.«

Ruthie knurrte ihn an. »Pass bloß auf – wenn ich will, kann ich ein richtig echtes Monster sein.«

Simon hockte auf dem Boden und überlegte, wie er Ruthie davon abbringen konnte, nur noch schlechte Arbeiten zu schreiben. Irgendwie musste er sie motivieren, wieder gute Noten zu bekommen – ansonsten hätte seine Mutter keine Minute mehr Ruhe und er ein unglaublich schlechtes Gewissen.

Wie habe ich Ruthie denn sonst immer beeinflussen können?, rätselte er.

Auf einmal kam ihm eine Idee. Er stand auf und schaute Ruthie an. »Wie wär's mit fünfzig Cent für jede richtige Antwort im Mathetest?«, schlug er vor.

Ruthies Gesicht hellte sich auf. »Aber die Arbeit besteht aus zwanzig Aufgaben!«, warf sie ein.

Simon nickte. »Ich hab mir schon gedacht, dass es ein paar Fragen mehr sind. Aber das ist schon okay – mein Angebot gilt noch.«

»Fünfzig Cent für jede richtige Lösung …« Rasch überschlug Ruthie die Summe. »Das macht zehn Dollar!«

»Ganz genau. Und du willst Probleme in Mathe haben«, sagte Simon betont verächtlich. »Schlag ein!«

»Und wirklich nicht nur einen Gutschein? Bargeld?« Ruthie ließ nicht locker.

Simon nickte. »Bar auf die Hand.«

»Abgemacht«, teilte sie Simon mit und streckte die Hand aus.

In diesem Moment fiel Simons Blick auf etwas Rotes und Glänzendes in der hintersten Schrankecke. Schnurstracks ging er darauf zu und zog es hervor.

»Hier hast du deinen Glücksschuh. Wenn das mal kein Glück bringt. Das Gute-Zensuren-Glück«, rief Simon ihr ins Gedächtnis.

Lächelnd schlüpfte Ruthie in den Schuh. »Wie sollte ich mich da noch irren?«

Mrs. Camden schmierte gerade die Pausenbrote, als Matt in die Küche stürmte. Ihr fiel sofort auf, dass er eine Jacke ihres Mannes trug.

»Trägst du die Jacke wegen Becky?«, wollte sie wissen und verstellte ihm den Weg.

Schweigend schüttelte Matt den Kopf.

»Das ist wirklich seltsam, Matt«, sagte Mrs. Camden. »Dass du dir so viele Gedanken über die Meinung anderer machst.«

Matt zuckte die Schultern, sagte noch immer kein Wort.

»Davon mal abgesehen: Hast du schon mal daran gedacht, dass es vielleicht gar nicht an dir lag? Vielleicht spielt sie einfach nur die Unnahbare«, meinte Mrs. Camden. »Wenn dir wirklich etwas an dem Mädchen liegt, warum versuchst du es dann nicht noch mal? Gib ihr noch eine Chance.«

»Ich weiß nicht«, zögerte Matt. Er nahm einen Apfel vom Tresen und stopfte ihn in die Jackentasche. »Nachher sagt sie wieder nein.«

»Okay. Aber auf der anderen Seite«, erwog Mrs. Camden, »könnte sie auch ja sagen.«

Matt klimperte mit den Autoschlüsseln. Er konnte nur hoffen, dass seine Mutter Recht hatte.

»Na gut, vielleicht stimmt das ja ausnahmsweise«, sagte er langsam.

»Ja, ganz bestimmt«, erwiderte Mrs. Camden. Was meint er damit, dass das *vielleicht* ausnahmsweise stimmt?, überlegte sie dann. Das, was ich sage, stimmt meistens – fast immer!

»Okay. Ich frag sie noch mal«, erklärte Matt. »Drück mir die Daumen«, rief er zum Abschied.

»Ziehst du dir noch eine andere Jacke über? Mit Jeans und T-Shirt sieht das Ganze irgendwie komisch aus«, warf Mrs. Camden noch schnell ein.

»Pass auf, du solltest nicht vergessen, dass du meine Mutter bist«, erwiderte Matt. »Und was dir nicht gefällt, das könnte anderen sehr wohl ...«

»Aha. Selbst wenn ich eventuell Recht habe, zählt meine Meinung nicht viel?«, wollte Mrs. Camden wissen.

»Nun ja ...«, stimmte Matt zu. »Sorry, Mom!«, rief er im Hinausgehen und wäre fast mit Ruthie und Simon zusammengestoßen, die zum Frühstück in die Küche kamen.

Mrs. Camden schaute Matt hinterher und richtete ihre Aufmerksamkeit dann auf ihre zwei Jüngsten. »Und, bist du bereit für den Mathetest?«, wollte sie von Ruthie wissen und reichte ihr eine Tüte.

Ruthie warf Simon einen verschwörerischen Blick zu und grinste. »Ich habe einen Goldesel, Mom!«, erklärte sie.

Mrs. Camden starrte Simon an. Der zuckte die Schultern und verzog die Lippen zu einem nervösen Lächeln. Noch ehe Mrs. Camden etwas sagen konnte, kam der Reverend in die Küche. Ruthie und Simon suchten ihre Schulsachen zusammen und machten sich auf den Weg zum Auto. Rasch schenkte der Reverend sich einen Becher Kaffee ein. »Sind Lucy und Mary schon im Wagen?«, wollte er wissen.

Mrs. Camden nickte und schaute aus dem Fenster. »So wie ich das sehe, ist nur Mary im Wagen. Lucy steht draußen und hat ihr den Rücken zugekehrt.«

»Ah ja! Wenn das keine Geschwisterliebe ist«, sagte Reverend Camden.

»Was soll das Ganze?«, fragte Mrs. Camden.

»Die raufen sich schon wieder zusammen. So

schlimm ist es nicht«, wusste Reverend Camden. »Ich komme heute etwas früher zurück, wegen der Nachhilfestunde für die beiden Mädchen.«

»Schön, dass du ihnen helfen kannst«, erwiderte seine Frau.

»Apropos Schule, meinst du, dass Ruthie heute besser klar kommt?«

»Ich würde sagen perfekt.«

»Ach ja? Was macht dich so zuversichtlich?«, fragte Reverend Camden und nippte an seinem Kaffee.

»Ich glaube, sie wollte nur ein bisschen Aufmerksamkeit«, erklärte Mrs. Camden. »Und die habe ich ihr gegeben. Also hat sie hoffentlich keinen Grund mehr, schlechte Noten zu schreiben.«

Der Reverend nahm eine Brottüte vom Tresen. »Verstärkst du dann nicht eher ihr falsches Verhalten?«, fragte er.

»Nein – ich kümmere mich ganz einfach nur um eine siebenköpfige Familie: Ich trage Zwillinge aus, ich mache die Wäsche und koche das Essen. Ich tue alles, was in meiner Macht steht.« Mrs. Camden schaute ihren Mann an. »Was hältst du davon?«

»Ich finde, das klingt nach einem Plan«, erwiderte Reverend Camden und küsste sie auf die Wange.

»Geschickt aus der Affäre gezogen«, entgegnete seine Frau.

Von draußen war nun die Hupe zu hören.

»Mein Lieblingslied – ich bin dann mal weg!«, sagte der Reverend.

»Bis später!«, rief Mrs. Camden ihrem Mann hinterher. Sie setzte sich an den Küchentisch und seufzte erleichtert auf. Endlich Ruhe und Frieden.

Lucy spähte über den überfüllten Gang. Sie stand an ihrem normalen Treffpunkt, aber Nicole war nirgends zu sehen. Es hatte schon zum ersten Mal geklingelt und Lucy hatte Mühe, zwischen all den Schülern, die auf die Klassenräume zuströmten, ihren Platz zu verteidigen.

Schließlich setzte sie sich langsam in Bewegung und ging entlang der Reihe von Spinden direkt auf den Trinkwasserbrunnen zu, an dem sie einige Schlucke Wasser zu sich nahm. Als sie sich aufrichtete, stand Mary neben ihr.

Wenn ich jemanden nicht sehen will, dann meine Schwester, dachte Lucy.

»Jetzt hör mal: Du kannst mir ja vielleicht aus dem Weg gehen, aber wir müssen trotzdem miteinander reden«, erklärte sie. »Und je schneller, desto …«

»Dann rede«, unterbrach Lucy sie. »Das ist ja deine Lieblingsbeschäftigung, hab ich Recht?!«

Mary schaute ihre Schwester unverwandt an und wich keinen Zentimeter von der Stelle.

»Was soll das?«, sagte Lucy und klemmte ihre Bücher unter den anderen Arm. »Hat Dad keine Zeit mehr, dir zuzuhören? Er weiß doch schon, wie miserabel ich in Bio bin. Willst du mir das noch mal sagen, damit ich es auch ja nicht vergesse?« Sie hatte einen herausfordernden Ton angeschlagen. »Tja, da kannst du beruhigt sein. Ich habe es nicht vergessen.« Dann drehte sie sich um und eilte auf ihren Klassenraum zu.

»Es geht nicht um Bio, Lucy!«, rief Mary ihr hinterher.

Lucy hielt kurz inne. Womit will sie mir denn dann das Leben schwer machen?, überlegte sie. Egal, was es auch ist, ich kümmere mich nicht darum. Sie warf Mary einen letzten Blick zu, schüttelte den Kopf und begab sich in ihr Klassenzimmer.

Drinnen saß Mr. Jackson am Pult. Sie ging direkt auf ihn zu und zog den Test aus ihrer Mappe.

»Hier, Mr. Jackson«, sagte sie. »Mein Vater hat unterschrieben.«

Mr. Jackson nickte. »Gut.«

»Und er hilft mir beim Lernen, damit ich wieder besser werde«, erklärte Lucy. »Mir und Nicole.«

»Sehr schön«, gab Mr. Jackson zur Antwort. »Hast du Ms. Jacob heute schon gesehen?«

»Nein. Noch nicht, aber...« In eben diesem Moment klingelte es zum wiederholten Mal.

Lucy beeilte sich, an ihren Platz zu kommen und setzte sich. Immer wieder schaute sie zur Tür, ob Nicole nicht kommen würde. Stattdessen sah sie Mary, die draußen vor dem Zimmer stand und sie nicht aus den Augen ließ.

Hat sie denn keinen Unterricht?, wunderte sich Lucy und schaute vor sich auf den Tisch. Routiniert legte sie ihren Block und die Stifte darauf ab und versuchte, Marys Gegenwart zu ignorieren.

Mr. Jackson erhob sich, um die Stunde einzuleiten. »Nun gut. Wir fangen heute mit Kapitel sieben an«, erklärte er.

Wieder warf Lucy einen verstohlenen Blick zur Tür. Mary war weg – und Nicole noch immer nicht da. Wie vom Erdboden verschluckt. Lucy fragte sich, was los war.

Vielleicht hat Mary auch bei Nicoles Eltern angerufen und ihnen gesagt, dass sie den Biotest verhauen hat, überlegte Lucy. Vielleicht haben sie sie von der Schule genommen und schicken sie auf irgendein Internat, damit sie bessere Arbeiten schreibt – und ein miserables Leben führt. Prima gemacht, Schwesterherz.

9

Matt eilte über das Campusgelände auf die Bibliothek zu. Er wollte ein Stündchen lernen, um mehr Freizeit am Wochenende zu haben. Erst mal diesen Psychokram abhaken – und dann so richtig schön relaxen, dachte er sich. Das klingt gut.

Ein stetiger Strom von Studenten ging ein und aus. Matt hatte gerade die Hälfte der Eingangstreppe hinter sich, als er Becky auf der niedrigen Steinmauer, die das Bibliotheksgebäude umgab, sitzen sah. Sie war noch viel hübscher, als Matt sie in Erinnerung hatte.

Matt holte tief Luft. Er dachte daran, was seine Mutter ihm am Morgen geraten hatte: Sie könnte auch ja sagen.

Becky war hinreißend. Er musste sie einfach fragen – auch wenn er sich einen zweiten Korb innerhalb einer Woche einhandelte. Er schlenderte zu ihr hinüber und hielt direkt vor ihr an.

Becky schaute von ihrem Buch auf. »Hi, Matt«, begrüßte sie ihn freundlich.

Sie weiß noch, wie ich heiße. Das ist schon mal gut, dachte er. »Hey«, erwiderte er dann und zeigte auf Beckys Psychologiebuch, »wie läuft's so?«

»Uuah«, stöhnte Becky. »Furchtbar.«

»Ich wollte dir nur sagen, dass das Angebot mit dem Lernen noch gilt«, sagte Matt in einem gewollt beiläufigen Ton. »Falls du es dir noch einmal anders überlegst.« Er beschloss, ihr zuvorzukommen und drehte sich rasch um. Falls Becky Interesse hatte, würde sie ihn schon finden.

»Echt?«, hörte er sie plötzlich sagen. Sie klang wesentlich interessierter als vorher. »Das finde ich wirklich nett von dir.«

Matt wäre beinahe in Ohnmacht gefallen. Sie findet mich nett! Wenn das kein gutes Zeichen ist, schoss es ihm durch den Kopf. »Oh, ja dann, kein Problem«, antwortete er. »Ich meine … nächste Woche ist ja schon diese Klausur.«

»Also treffen wir uns … ganz einfach zum Lernen, richtig?«, wollte Becky wissen.

»Na klar«, sagte Matt. »Ganz einfach zum Lernen.« Und falls wir uns dabei ineinander verlieben, überlegte er insgeheim, dann kannst du mir wohl kaum die Schuld dafür geben, stimmt's?

»In diesem Fall«, lächelte Becky, »nehme ich dein Angebot gerne an.«

Matt erwiderte ihr Lächeln. »Na dann. Ich freue

mich. Sollen wir uns direkt heute Abend treffen? Ich wollte mein Lernpensum nämlich noch vor dem Wochenende abhaken. Wir könnten uns hier in der Bibliothek verabreden«, schlug er vor.

Becky dachte kurz nach. »In der Bibliothek? Weiß nicht ... Willst du nicht lieber zu mir kommen – so um acht?«

Wow, dachte Matt, erst verpasst sie mir einen Korb, und dann lädt sie mich zu sich ein. So viel zum Thema: Vielleicht spielt sie nur die Unnahbare ... »Ich werde da sein«, lächelte er. »Um acht.«

»Super!« Becky riss ein Blatt aus ihrem Block und kritzelte ihre Adresse und Telefonnummer darauf. Dann reichte sie es Matt.

»Danke. Bis heute Abend dann«, verabschiedete sich Matt.

»Oh, fast hätte ich's vergessen: Dein Sakko gefällt mir!«, rief Becky ihm noch hinterher.

Mit einem breiten Grinsen betrat Matt die Bibliothek. Also ist die Jacke doch ein Knaller. Danke, Simon, dachte er.

Den Nachmittag verbrachte Mrs. Camden damit, am Küchentisch Überweisungsformulare für offen stehende Rechnungen auszufüllen. Da hörte sie den Wagen in der Auffahrt. Kurze Zeit später schneiten Simon, Ruthie und Reverend Camden in die Küche.

»Hallo zusammen«, begrüßte sie die Truppe lächelnd.

Ruthie rannte auf sie zu, winkte mit ein paar Blättern in der Hand. »Schau mal, Mom! Ich habe alle Aufgaben richtig!«

»Das ist ja toll, Ruthie – ich bin sehr stolz auf dich«, verkündete Mrs. Camden. Der Reverend schlang die Arme um seine Tochter und drückte sie fest an sich.

»Glückwunsch«, sagte auch Simon mit einem Grinsen. »Wussten wir doch alle, dass du das schaffst.«

»Ja. Und ich war so gut, dass ich den Test von gestern noch mal wiederholen durfte«, erklärte Ruthie aufgeregt. »Und wisst ihr was? Alles richtig!«

»Wow, das ist ja unglaublich!«, freute sich Mrs. Camden.

Ruthie wandte sich an Simon und zwinkerte ihm zu. »Das sind ganze vierzig Aufgaben. Vierzig! Du weißt ja, was das heißt, Simon – zwei Zehntel, oder vier Fünftel, oder zwanzig Ganze, oder achtzig Viertel ...«

»Schon verstanden!«, erwiderte Simon, packte Ruthie am Arm und zerrte sie aus der Küche.

Reverend Camden warf seiner Frau einen fragenden Blick zu. »Was war das denn?«

Sie zuckte die Schultern. »Ich ahne etwas, bin aber nicht sicher. Aber wenn das der Fall ist, sage ich dir Bescheid«, erklärte sie. »Wo sind eigentlich Lucy und Mary? Sind sie nicht mitgekommen?«, wollte sie wissen.

»Sie sind noch im Wagen«, gab Reverend Camden

zur Antwort. »Lucy redet kein Wort mit Mary, aber Mary lässt sie nicht vorher gehen.«

Mrs. Camden runzelte die Stirn. »Und warum lässt du ihr das durchgehen?«

»Ich glaube, das sollten die beiden unter sich ausmachen. Ich habe den Verdacht, dass da noch mehr ist mit Nicole als nur der Biokurs«, sagte Reverend Camden. »Aber Genaueres weiß ich auch nicht. Deshalb halte ich mich da lieber raus. Wenn die beiden nicht mehr weiterwissen, können sie ja immer noch zu mir kommen.«

Mrs. Camden, der es ein Graus war, wenn ihre Kinder sich stritten, schlug deshalb vor: »Oder wir gehen zu ihnen.«

»Okay«, stimmte Reverend Camden seiner Frau zu. Er nahm sie an der Hand und half ihr hoch.

Sie hatten gerade die Küche verlassen, als die Haustür aufging und wieder zugeknallt wurde – und die ganze Prozedur sich wiederholte. Der Reverend und Mrs. Camden bekamen alles mit, was sich kurz darauf an der Treppe abspielte.

Lucy hatte eine Hand am Geländer und wollte hinaufgehen, aber Mary verstellte ihr den Weg. »Du gehst nirgendwohin!«, schrie Mary. »Wir müssen reden, Lucy.«

»Ist das alles? Mehr erfahre ich ja doch nicht von dir! Wenn du wirklich reden willst, gut. Warum hasst du Nicole?«, fragte Lucy herausfordernd, die Arme in die Hüften gestemmt. »Was hat sie dir getan?«

»Nichts«, erwiderte Mary. »Und du irrst dich – ich hasse Nicole nicht.«

Lucy lachte kurz auf. »Klar. Wir beide wissen doch, dass du Nicole nur deshalb nicht magst, weil du eifersüchtig bist. Du willst nicht, dass ich echte Freunde habe!«

Tränen stiegen Mary in die Augen. »Das ist nicht wahr, das weißt du!«

Der Reverend beschloss einzuschreiten. »Okay, das reicht«, sagte er. »Hört auf, euch gegenseitig zu beleidigen.«

»Dad, Mom ... Lucy«, sagte Mary leise. »Ich weiß, dass das keiner hören will. Und ich wünschte, ich hätte keine Ahnung. Aber so ist es nun mal nicht – ich muss euch etwas sagen.«

Alle Aufmerksamkeit war nun auf Mary gerichtet. Etwas an ihrer Stimme ließ ihre Eltern aufhorchen, ließ sie ahnen, dass es um mehr ging als nur einen harmlosen Teeniestreit. Mary holte tief Luft. »Flippt bitte nicht aus. Gestern Abend habe ich Nicole im Badezimmer erwischt. Sie hat sich selbst geschnitten – mit einer Rasierklinge.«

»Na klar«, höhnte Lucy und verdrehte die Augen.

Reverend Camden sah das anders. Er wusste genau, dass Mary mit so etwas nicht spaßte. »Und du bist dir absolut sicher?«

»Ja. Und sie hat mich auch gesehen«, fuhr Mary fort. »Sie hat mich angefleht, nichts zu sagen, aber so Leid es mir tut, das geht einfach nicht. Ich wollte es dir schon heute Morgen erzählen, aber ich wusste nicht wie.« Dann schaute sie ihrer Schwester in die Augen. »Dann habe ich mir gedacht, dass ich einfach mit Lucy spreche, um sie aufzuklären, was mit ihrer Freundin los ist. Aber sie geht mir ja ständig aus dem Weg.«

»Weil du eine gemeine Lügnerin bist!«, rief Lucy. »Ihr glaubt ihr doch wohl nicht?«, fragte sie ihre Eltern. »Sie lügt. Nicole würde so etwas nie tun!«

Keiner sagte ein Wort.

»Kommt schon. Warum sollte man sich selbst schneiden? Und selbst wenn das stimmt, vielleicht war es einfach nur ... ein Unfall.«

»Lucy ... ich glaube deiner Schwester«, sagte Reverend Camden schließlich.

Mrs. Camden nickte zustimmend. »Ich auch. Mary würde nicht ...«

»Was?«, fauchte Lucy. »Und ob sie würde. Sie würde alles tun, um meine Freundschaft mit Nicole zu zerstören.«

»Das ist nicht wahr, und das weißt du«, sagte Mary und kämpfte mit den Tränen. »Ich habe mir nur Sorgen gemacht um dich und deine dämliche Freundin!« Sie stieß Lucy beiseite, rannte nach oben in ihr Zimmer und knallte wutentbrannt die Tür zu.

Mrs. Camden lief ihr hinterher.

Lucy schaute ihren Vater an. Auch ihre Augen füllten sich mit Tränen. Selbst wenn sie das nie zugeben würde, Lucy wusste, dass Mary über so etwas keine

Scherze machte. »Glaubst du wirklich, dass Mary … Recht hat?«, wollte sie von ihrem Vater wissen.

Der nickte. »So schwer das für uns ist, es scheint zu stimmen.«

Lucy fühlte, wie sich ihre Brust zusammenzog, als sie sich Nicole mit der Rasierklinge vorstellte. Warum macht sie das?, überlegte sie. Und warum hatte ich keine Ahnung? Ich bin wirklich eine erbärmliche Freundin …

10

Reverend Camden ging zur Treppe und wies auf eine der unteren Stufen. »Komm, Lucy. Setz dich. Wir schaffen das schon«, sagte er zuversichtlich.

»Das macht doch keinen Sinn, Dad. Ich verstehe einfach nicht, warum Nicole sich selbst etwas antun sollte«, rief sie.

»Leider ist das sehr verbreitet«, erklärte Reverend Camden. »Einige Experten sind der Ansicht, dass Selbstverstümmelung – abgesehen von Essstörungen – eines der gravierendsten Probleme von weiblichen Teenagern ist. Und es nimmt stark zu.«

»Aber wenn das stimmt, wieso hab ich dann noch nie davon gehört?«, wollte Lucy wissen.

Reverend Camden entfernte eine Spinnenwebe vom Treppengeländer. »Das Ganze wird totgeschwiegen.«

»Selbstverstümmelung mag es ja geben, aber Nicole ist meine beste Freundin«, sagte Lucy. »Wenn sie das wirklich macht, müsste ich es doch wissen.«

Reverend Camden schüttelte den Kopf. »Nicht unbedingt, meine Kleine. Die Betroffenen fühlen sich oft sehr schuldig. Wahrscheinlich würde Nicole niemandem etwas sagen, weil sie sich so schämt.«

»Aber ... wenn sie sich schämt, warum hört sie dann nicht damit auf?«

»So einfach ist das leider nicht«, erklärte der Reverend. »Manchmal kommt eine Person nicht alleine mit ihren seelischen Problemen zurecht. Und dann fügt sie sich physischen Schmerz zu. Die Selbstverstümmelung ist dann eine Art Problemlösungsstrategie. Wenn du aus diesem Teufelskreis rauskommen möchtest, dann musst du erst einmal herausfinden, wo genau deine seelischen Probleme liegen. Und das kann schwierig werden.«

Lucy war geschockt. Wir hatten doch so viel Spaß zusammen – warum ist sie dann so unglücklich? Wie kann sie so viele Gefühle vor mir verbergen?, überlegte sie.

»Aber Dad, ich dachte, dass Nicole und ich ... dass wir beide wirklich gute Freundinnen sind«, sagte Lucy. »Wir haben so viel gemeinsam. Es ist fast so, als wären wir eine einzige Person.«

Reverend Camden schüttelte den Kopf. »Nein, Lucy, ihr seid nicht eine einzige Person«, fuhr er fort. »Wenn es dir schlecht geht, dann musst du dich nicht selbst verletzen. Du schreist, du tobst, du knallst Türen hinter dir zu, du lässt deinen Gefühlen freien

Lauf. Du versteckst nicht deine Gefühle. Vielleicht schweigst du ein, zwei Tage lang, aber mehr auch nicht.« Er legte seiner Tochter den Arm um die Schulter und zog sie an sich.

Lucy presste ihr Gesicht an seine Brust. Bei ihrem Vater fühlte sie sich sicher und geborgen. Aber wenn sie an Nicole dachte, wie diese sich mit der Rasierklinge die Haut einritzte ... das war schier unerträglich. Sie schaute auf. »Glaubst du, dass Nicoles Eltern etwas davon wissen?«

»Auf jeden Fall erfahren sie es bald. Ich habe ihren Vater angerufen und gefragt, ob er wegen eures Nachhilfeunterrichts heute nach der Arbeit kurz bei mir vorbeischauen könnte«, sagte Reverend Camden. »Sieht ganz so aus, als hätten wir nun Wichtigeres zu besprechen.«

Lucy nickte. Sie überlegte, ob sie Nicole anrufen sollte.

Was soll ich ihr sagen?, fiel ihr dann ein. Dass ich ihr Geheimnis kenne? Das will sie bestimmt nicht – und vielleicht ist sie am Boden zerstört, wenn sie erfährt, dass wir Bescheid wissen.

Plötzlich realisierte Lucy, wie schwer es Mary gefallen sein musste, mit ihrem Wissen umzugehen. Ihre Schwester hatte mit ihr wegen Nicole sprechen wollen, doch sie hatte total abgeblockt. Lucy ahnte, dass sie in naher Zukunft einige nicht ganz so angenehme Unterredungen vor sich hatte.

Am späten Nachmittag stürzte Ruthie mit Happy an der Leine in Simons Zimmer. Dann beugte sie sich hinunter und ließ Happy frei.

»Los, such!«, wies sie Happy an. »Komm schon, Mädchen. Such!«

Happy begann, im Zimmer umherzulaufen, schnüffelte am Bett, an der Kommode und an Simons Schreibtisch. Schließlich stoppte sie vor Simons Schrank. Sie schnaufte ein paar Mal, drehte sich dann um und bedachte Ruthie mit einem erwartungsvollen Blick. Dann kratzte sie ungeduldig an der Schranktür.

Ruthie grinste. »Eins zu null für mich!«, rief sie. Sie ging hinüber zum Wandschrank und zog einen Hundekuchen aus der Tasche. Dann tätschelte sie Happy den Kopf und gab ihr die Belohnung. »Gutes Mädchen«, lobte sie den Hund, als dieser den Kuchen lautstark zermalmte.

Ruthie drehte am Knauf und öffnete langsam die Schranktür. Zuerst konnte sie gar nichts erkennen, nur einen Haufen dreckiger Klamotten. Dann bemerkte sie einen blonden Kopf, der unter einem Sweatshirt hervorlugte.

»Rennen kannst du ja, aber mit dem Verstecken hapert's noch …«, sagte Ruthie und grinste, als sie ihrem Bruder das Sweatshirt vom Kopf zog. »Los, Zahltag. Du schuldest mir zwanzig Dollar!«

»Nichts da, ich schulde dir nur zehn Dollar«, protestierte Simon aus dem Schrank.

»Träum weiter!«, entgegnete Ruthie energisch. »Du hast gesagt, dass ich für jede richtige Lösung in der Mathearbeit fünfzig Cent bekomme.«

»Genau – Mathearbeit. Im Singular! Ich konnte ja nicht ahnen, dass du gleich zwei Arbeiten schreibst«, entgegnete Simon.

»Das mag ja stimmen, aber du hast mir auch nicht verboten, mehr als eine Arbeit zu schreiben.«

Simon stöhnte laut auf. Er wusste, dass seine Argumente zwecklos waren – er würde das Geld herausrücken müssen.

Plötzlich klopfte es an der Tür und Simon erhob sich, um zu sehen, wer es war. Mrs. Camden kam ins Zimmer und gab Ruthie einen leichten Klaps auf die Schulter.

»Hey, ich habe in deinem Zimmer auf dich gewartet. Müssen wir nicht lernen?«, wollte sie wissen.

Ruthies Augen begannen zu leuchten. »Du meinst, wir sollen trotzdem noch lernen, obwohl ich die Arbeit geschafft habe?«, fragte sie ungläubig.

»Natürlich«, sagte Mrs. Camden. »Und selbst wenn dir die Ehre zuteil wird, in die zweite Klasse zu kommen: Lernen können wir auf jeden Fall«, erklärte sie.

»Cool!«, freute sich Ruthie.

Mrs. Camden lächelte. »Dann sehen wir uns also in deinem Zimmer, wenn du fertig bist mit deiner ...« Sie hielt mitten im Satz inne, starrte Simon an. »Simon, was hast du im Schrank zu suchen?«

»Ach, weißt du«, antwortete er nervös. »Was man

im Schrank so zu suchen hat. Klamotten und so was in der Art.«

»Ach so.« Mrs. Camden zuckte die Schultern und verließ das Zimmer.

Das war knapp, dachte Simon erleichtert. Ihm war klar, dass er ganz schön Ärger bekommen würde, wenn seine Mutter herausfand, dass er Ruthie für ihre guten Noten bezahlte.

Ruthie streckte ihm fordernd die Hand entgegen. »Ich warte«, klärte sie ihren Bruder auf.

Simon kramte in seiner Tasche nach dem Portemonnaie. Er zog eine nagelneue Zwanzig-Dollar-Note hervor und hielt sie seiner Schwester hin. »Weißt du eigentlich, dass es ganz schön teuer ist, kleine Schwestern zu haben?«

Ruthie schnappte sich das Geld und stopfte es in die Hosentasche. »Klar, aber das bin ich auch wert!«, krähte sie und hüpfte fröhlich aus dem Zimmer.

Simon ließ sich wieder zurückplumpsen und schloss die Schranktür. Eigentlich musste er Hausaufgaben machen, aber dafür hatte er jetzt keine Zeit mehr. Er musste schleunigst zu Geld kommen!

Wenn Mom und Dad wüssten, was ich durchmache, nur damit alle Welt glücklich und zufrieden ist ... vielleicht würden sie mir dann die Zwanzig Dollar ersetzen, überlegte er. Ja, bestimmt!

Am späten Donnerstagnachmittag saß Lucy an ihrem Schreibtisch. Vor ihr warteten die Hausaufgaben, aber sie musste die ganze Zeit an Nicole denken. Mary war bei einer Freundin zum Basketballspielen. Zum ersten Mal wünschte Lucy, dass sie noch da wäre. Sie wollte mit ihr über Nicole sprechen und sich für ihr unfaires Verhalten entschuldigen.

Sie fühlte sich mieser als je zuvor. Mary war sie eine schreckliche Schwester gewesen und Nicole gegenüber eine schreckliche Freundin. Ihr kamen die unzähligen Male in den Sinn, an denen sie Nicole ermuntert hatte, Jungen anzusprechen – und an denen Nicole beteuert hatte, nicht hübsch genug zu sein. Vielleicht ging es ihr deswegen sogar noch schlechter, dachte Lucy entmutigt.

Lucy fiel auch wieder ein, wie Nicole und sie gemeinsam Shoppen gegangen waren, und wie Nicole allen Klamotten ablehnend gegenübergestanden hatte, die ärmellos waren. Lucy hatte gedacht, dass Nicole einfach nur unter einem geringen Selbstwertgefühl leiden würde. Jetzt wusste sie es besser.

Sie trägt die langärmeligen Klamotten nur, um die Schnittwunden zu verbergen, dachte sie nun und schaute auf ihre eigenen Arme. Lucy malte sich aus, wie sie die Rasierklinge aus dem Badezimmerschränkchen nehmen und sich selbst verletzen würde.

Niemals könnte ich das, nicht in einer Million Jahren, überlegte sie. Aber wie kann ich Nicole helfen? Ist dazu überhaupt jemand in der Lage?

Reverend Camden saß in ein Buch vertieft in seinem Arbeitszimmer, als es klingelte. Er stand auf, um an die Tür zu gehen. Ein Mann stand auf der Schwelle.

»Reverend Camden?«, wollte er wissen. »Ted Jacob. Ich bin Nicoles Vater.«

»Hallo«, begrüßte Reverend Camden seinen Gast freundlich. »Kommen Sie doch herein. Nennen Sie mich einfach Eric.« Er führte Mr. Jacob durch die Diele und in das Wohnzimmer. »Setzen Sie sich«, sagte er und wies auf das Sofa.

»Danke, dass Sie so kurzfristig kommen konnten. Ich hoffe, Sie konnten das irgendwie einrichten. Ich wollte nicht, dass Nicole etwas von unserem Gespräch mitbekommt«, erklärte Reverend Camden.

Mr. Jacob machte es sich auf dem Sofa bequem. »Das haben Sie ja schon am Telefon gesagt. Aber ehrlich gesagt verstehe ich nicht so ganz, warum.«

»Oh, das tut mir Leid. Ich wollte keine Geheimniskrämerei betreiben«, sagte Reverend Camden. »Ich war wohl in Eile.«

»Nicole hat erzählt, dass Sie ihr und Lucy in Biologie helfen wollen, weil ihre Leistungen so schlecht sind. Geht es darum?«, fragte Mr. Jacob.

Reverend Camden nickte und schaute dann zu Boden. Auch wenn er schon unzählige Male mit Eltern über die Probleme ihrer Kinder gesprochen hatte – es blieb schwer.

»Das war der ursprüngliche Grund meines Anrufs«, antwortete er und stellte direkten Blickkontakt her.

»Aber mittlerweile glaube ich, dass Nicoles Problem nicht nur mit Biologie zu tun hat.«

»Ja?«, fragte Mr. Jacob besorgt. »Sondern?«

Reverend Camden holte tief Luft. »Meine Tochter Mary hat Nicole gestern Abend in unserem Badezimmer überrascht. Sie wollte sich gerade mit einer Rasierklinge die Arme aufschneiden.«

11

Mr. Jacob sagte kein Wort. Regungslos saß er auf dem Sofa, schien vollkommen überrumpelt. Reverend Camdens Besorgnis wuchs, als er seinen Gast musterte.

»Ich weiß, dass das ein Riesenschock für Sie sein muss«, sagte Reverend Camden schließlich sanft.

»Das können Sie wohl sagen«, entgegnete Mr. Jacob. »In der Tat.«

»Das tut mir Leid. Sie können mir glauben, dass es mir auch keinen Spaß macht, den Überbringer solch schlechter Neuigkeiten zu spielen ...«

»Oh, nein, nein«, unterbrach ihn Mr. Jacob und schüttelte den Kopf. »Das sind keine Neuigkeiten.«

»Nein?« Reverend Camden verstand die Welt nicht mehr.

»Ich wünschte, es wäre so«, sagte Mr. Jacob und fixierte den Teppich. »Wir sind wegen Nicole nach Glenoak gezogen, um ihr einen Neuanfang zu ermöglichen. Wo wir früher wohnten, wusste jeder über sie Bescheid – wirklich jeder. Man hat sie behandelt wie eine Irre ... auch noch, als sie schon längst damit aufgehört hatte«, erklärte er.

»Das ist ja schrecklich.« Mr. Jacob tat dem Reverend aufrichtig Leid. »Also tut sie sich das schon länger an?«

»Sie hat vor zwei Jahren damit angefangen«, sagte Mr. Jacob. »Meine Frau und ich hatten keine Ahnung, warum. Wir wussten nur, dass wir professionelle Hilfe in Anspruch nehmen mussten und haben Nicole zu dem besten Therapeuten geschickt, den wir auftreiben konnten«, teilte er dem Reverend mit und musste schlucken. »Alles lief bestens ... jedenfalls dachten wir das«, seufzte er dann. »Ich kann nicht glauben, dass sie wieder damit angefangen hat.«

Reverend Camden sah, wie Mr. Jacob unruhig auf dem Sofa hin- und herrutschte. Er empfand grenzenloses Mitleid.

»Ich weiß nicht. Vielleicht habe ich es auch geahnt«, fuhr Mr. Jacob fort. »In letzter Zeit sind meiner Frau und mir einige der alten Warnsignale aufgefallen. Nicoles Zimmertür war verschlossen, ständig war sie im Bad, trug Schlabberklamotten ...« Mr. Jacob konnte nicht mehr weitersprechen. Ratlos stützte er das Kinn in die Hand und starrte wieder auf den Teppich.

»Es tut mir aufrichtig Leid«, sagte Reverend Camden. »Für Nicole, für Sie und für die ganze Familie.«

»Ich weiß einfach nicht mehr weiter. Ich weiß keinen Rat mehr. Was bleibt uns denn noch, wenn die Therapie nicht anschlägt?« Mr. Jacob war verzweifelt.

»Ich habe gehört, dass Selbstverstümmelung süchtig machen kann«, sagte Reverend Camden. »Und dass einige Leute mehr Hilfe als andere brauchen, um davon loszukommen.«

Mr. Jacob schaute ihn an. »Wissen Sie, wo Nicole dieses Mehr an Hilfe bekommen könnte?«

»Glücklicherweise ja«, erwiderte Reverend Camden. »In Chicago gibt es ein Therapiezentrum, das McNeal Krankenhaus. Sie haben dort ein äußerst effektives Programm speziell für Personen entwickelt, die sich Verletzungen zufügen. Es heißt S.A.F.E. Alternativen.«

»In Chicago?«, wiederholte Mr. Jacob. »Aber ...«

Mr. Camden hob entschuldigend die Hände. »Ich weiß, wie weit das ist, aber das Therapiezentrum soll wirklich gut sein. Eine Bekannte von mir leitet das Programm, und sie kann heute Abend mit Ihnen sprechen, wenn Sie wollen – mit Ihnen, Ihrer Frau und mit Nicole«, erklärte Reverend Camden, zog eine Visitenkarte aus der Brusttasche und reichte sie Nicoles Vater. »Hier ist ihre Nummer. Sie weiß Bescheid.«

»Ich möchte nicht unhöflich wirken, Reverend Camden, aber eine Frage hätte ich noch. Inwiefern unterscheidet sich diese Institution von herkömmlichen Therapien?«, wollte Mr. Jacob wissen.

»Eine Therapie alleine hat vielleicht nicht gewirkt, weil Nicole eine individuellere Zuwendung braucht«, erklärte Reverend Camden. »Bei S.A.F.E. Alternativen handelt es sich nur um Experten auf diesem Gebiet, und sie sind wirklich sehr erfolgreich. Ich denke, dass Sie ihnen eine Chance geben sollten«, ermutigte er Nicoles Vater.

Mr. Jacob konnte den Blick nicht von der Visitenkarte abwenden. »Und Sie haben schon mit der Leiterin gesprochen? Das ist sehr freundlich von Ihnen. Ich ... ich kann kaum glauben, was Sie alles für uns getan haben.«

Reverend Camden lächelte. »Unsere Töchter sind Freundinnen. Lucy würde alles für Nicole tun. Ich möchte sie nur unterstützen.«

»Tja, ich will nur hoffen, dass die beiden trotzdem Freundinnen bleiben, jetzt, wo Lucy ... Bescheid weiß«, sagte Mr. Jacob. »Manchen Leuten macht Nicoles Problem ... nun ja ... Angst.«

»Sie werden überrascht sein. Lucy sieht zwar nicht so aus, aber sie hat ganz schön Mumm«, erklärte Reverend Camden. »Natürlich muss sie das Ganze erst einmal verkraften, aber das schafft sie schon. Sie hat keine Angst vor Nicole – und meine andere Tochter, Mary, auch nicht. Ich weiß, dass die beiden alles tun, was in ihrer Macht steht, um Nicole zu helfen.«

»Ich kann Ihnen gar nicht sagen, wie dankbar ich bin«, sagte Mr. Jacob. »Ich mache mich jetzt besser auf den Weg ... Ich habe noch ein wichtiges Telefonat zu erledigen«, erklärte er und wedelte mit der Visitenkarte.

»Viel Glück. Wir denken an Sie«, antwortete Reverend Camden, als sich die beiden Männer die Hand gaben.

Der Reverend stand im Türrahmen und beobachtete, wie Nicoles Vater in dessen Wagen stieg. Es war unvorstellbar, was er alles hatte durchmachen müssen. Und jetzt muss er noch seine Frau aufklären ... und mit Nicole sprechen, dachte der Pastor voller Anteilnahme.

Matt saß am Esstisch in Beckys Wohnung. Becky saß ihm direkt gegenüber.

»Deine Wohnung gefällt mir«, sagte Matt und ließ den Blick über die pastellfarbenen Wände gleiten. Die Lampen erhellten den Raum mit einem sanften Licht. Vor ihnen stand ein Teller mit warmen Schokoladenkeksen, damit er sich stärken konnte.

Wie romantisch, dachte Matt. Süß, wie sie vorgibt, dass wir kein Date haben.

»Danke«, erwiderte Becky. »Ja ... dann fangen wir mal an.«

»Okay.« Matt zuckte die Schultern. »Warum nicht.«

»Wie wär's, wenn du das dritte Kapitel abfragst?«, schlug Becky vor.

»Klar doch, ich frag dich ab«, nickte Matt. »Schließlich sind wir ja zum Lernen hier, nicht wahr?« Er zwinkerte ihr zu.

»Ganz genau«, erwiderte Becky. Anscheinend war ihr das Zwinkern gar nicht aufgefallen.

Matt öffnete das Lehrbuch. Ist bestimmt nicht verkehrt, dachte er, wenn wir den Abend mit Lernen einleiten. Danach haben wir ja noch genug Zeit für andere Dinge. »Okay, nenne mir drei Komponenten der Persönlichkeit laut Freud«, war seine erste Frage.

Becky runzelte die Stirn und suchte fieberhaft nach der richtigen Antwort. »Lass mich nachdenken ... wir haben das *Es*, das *Ich* und das ... *Über-Ich*«, stieß sie schüchtern hervor.

»Richtig!«, erklärte Matt. »Siehst du, so schwer ist das Ganze gar nicht.«

»Das war erst eine Frage, Matt«, gab sie lachend zu bedenken.

»Keine Panik, du schaffst das schon«, versprach er. Matt wollte gerade nach Beckys Hand greifen, als die Tür aufging. Wie von der Tarantel gestochen, zuckte er zurück. Ich wusste ja gar nicht, dass sie einen Mitbewohner hat, dachte er. Hoffentlich verschwindet der bald wieder, damit wir ungestört sein können.

Ein hoch gewachsener Mann mit dunkelbraunem Haar betrat die Wohnung. »Oh, Baby, tut mir Leid«, sagte er zur Begrüßung.

Baby? Matt musste sich verhört haben. Entgeistert starrte er den gut aussehenden Typen an. Wie kommst du dazu, sie dein Baby zu nennen?, dachte er. Ihr Date bin ja wohl ich.

»Die Bibliothek hat früher zugemacht, da dachte

ich, ich geh direkt nach Hause«, erklärte der Mann. Er warf Matt einen Blick zu und grüßte ihn mit einer freundlichen Handbewegung.

»Nach Hause?«, stammelte Matt. »Was geht hier eigentlich vor sich?«

»Jeff, das ist Matt«, stellte Becky gelassen vor. »Und Matt, das ist Jeff – mein Freund.«

12

»Du hast einen Freund?«, fragte Matt fassungslos. Becky nickte.

Matts Blick wanderte zwischen ihr und Jeff hin und her. »Ach so, jetzt verstehe ich. Ich hab dich durchschaut – du benutzt mich, um diesen Typen eifersüchtig zu machen, stimmt's?« Er schüttelte den Kopf. »Unglaublich – das ist echt mies von dir.«

Becky musste lachen. »Soll das ein Scherz sein? Wer hat denn vorgeschlagen, dass wir zusammen lernen?«

Jeff grinste nur und verzog sich in ein anderes Zimmer.

Matt zog seinen Stuhl näher heran. »Ich dachte, wir haben ein Date«, sagte er leise. »Hab ich nicht die Bibliothek vorgeschlagen – und hast du mich nicht zu dir nach Hause eingeladen?« Er war aufgebracht.

»Jetzt hör mal zu. Ich hatte ein schlechtes Gewissen, weil ich letztens so kurz angebunden war«, erklärte Becky. »Und ich brauche Hilfe in Psychologie.

Deswegen habe ich meinen Freund gefragt, ob es ihm etwas ausmacht, wenn wir zusammen lernen. Er fand die Idee gut – er ist eben nicht der eifersüchtige Typ.« Becky zuckte die Schultern. »Das ist alles. Wir hatten nie ein Date.«

Matt klappte den Block zu und raffte in Windeseile sein Hab und Gut zusammen. »Tja … ich muss los«, rief er und rauschte davon. Noch ehe Becky etwas sagen konnte, war er schon aus der Tür.

Hoffentlich schmeißt sie Psychologie. Dann muss ich nicht mehr mit ihr in einem Raum sitzen und mich den Rest des Semesters wie der letzte Idiot fühlen, dachte er, als er die Stufen ihres Wohnhauses hinunterhastete. Vielleicht kann ich ja auch noch das College wechseln …

Lucy lag auf dem Bett und versuchte, an Nicole zu schreiben, als die Tür aufging.

Mary kam herein und schleuderte ihren Matchbeutel auf den Fußboden. Lucy warf ihrer älteren Schwester einen Blick zu, der besagte, dass sie jetzt reden wollte. Aber Mary schien beim Anblick ihrer Schwester alles andere als begeistert zu sein. Sie griff nach einem Buch auf dem Nachttisch und machte Anstalten, den Raum zu verlassen.

»Wie war's beim Basketball?«, fragte Lucy und richtete sich auf.

»Schön«, murmelte Mary. »Nett, dass du fragst.«

»Klar«, erwiderte Lucy. »Bin ich denn nicht dein

treuester Fan?«, fragte sie lächelnd. Aber Mary nahm keine Notiz von ihr. Lucy wurde bewusst, dass sie sich ganz schön würde anstrengen müssen, wenn sie ihre Schwester wieder besänftigen wollte. Als Mary aus dem Zimmer ging, rief Lucy: »Bleib ... bitte.«

»Warum sollte ich?«, fragte Mary, ohne sich auch nur umzudrehen. »Damit du mich weiter beleidigen kannst? Nein, danke ... darauf kann ich wirklich verzichten. Da lese ich lieber.«

»Gut, wie du willst«, erwiderte Lucy. »Aber wenn du rausgehst, wie soll ich mich dann für mein idiotisches Verhalten entschuldigen?«

Mary hielt an und wandte sich um. »Du hast doch Papier und Bleistift. Du könntest deine Entschuldigung aufschreiben.«

»Ein Brief? Gute Idee«, erwiderte Lucy.

Mary tat einige Schritte auf Lucy zu. »Ein kleiner Tipp ... Blumen und Süßigkeiten sind immer noch das beste Mittel, wenn man sich entschuldigen will«, schlug sie vor.

»Tut mir wirklich Leid, aber ich bin total pleite«, erklärte Lucy und warf einen ratlosen Blick auf die wenigen Münzen, die auf ihrem Schminktischchen lagen.

»Oh. In diesem Fall kann ich wohl auf Blumen und Süßigkeiten verzichten«, erklärte Mary großzügig. Sie schaute ihrer Schwester in die Augen. »Waffenstillstand?«

Lucy grinste. »Waffenstillstand.«

»Klasse – vor allem, weil ich nach dem Basketball immer total erledigt bin und mich nur noch hinlegen möchte«, sagte Mary, marschierte schnurstracks zu ihrem Bett und machte es sich darauf bequem.

Lucy lächelte und konzentrierte sich wieder auf ihren Brief. Noch war sie nicht über ›Liebe Nicole‹ hinausgekommen. Plötzlich fiel ihr ein, dass sie Mary noch etwas zu sagen hatte.

»Ach ja ... danke, dass du da bist«, sagte sie beiläufig, ohne sie anzuschauen.

»Das kann ich zurückgeben«, entgegnete Mary. »Und jetzt halt die Klappe, ich will lesen.«

Lucy warf Mary einen schnellen Blick zu. »Hast du gerade gesagt, dass ich die Klappe halten soll?«

»Vielleicht. Weiß nicht mehr so genau.«

»Na gut«, sagte Lucy und schnappte sich ein Kissen. »Aber das hier vergisst du nicht so schnell.« Und ohne Umschweife schleuderte sie Mary das Kissen an den Kopf.

»Hey! Das war unfair!«, schrie Mary, suchte sich ihrerseits ein Kissen und versuchte, Lucy zu treffen.

Bald flogen überall Federn – und Lachen hallte durch das Haus.

Missmutig saß Simon am Küchentresen, trommelte mit den Fingern auf der Tischplatte. Wie krieg ich nur mein Geld zurück?, überlegte er.

Da kam Mrs. Camden in die Küche und legte

Simon die Hand auf die Schulter. »Möchtest du etwas essen?«

»Nein«, erwiderte Simon ohne aufzuschauen.

»Oder etwas trinken?«, schlug Mrs. Camden vor.

»Nein.« Simon blieb einsilbig.

»Na gut. Vielleicht hast du Lust, mit mir fernzusehen?«

»Nein«, antwortete Simon und schüttelte den Kopf.

»Dann möchtest du vielleicht deine zwanzig Dollar zurück?«

»N...«, begann Simon und zögerte kurz. »Welche zwanzig Dollar?«, wollte er dann wissen und bemühte sich, eine Unschuldsmiene aufzusetzen.

»Die zwanzig Dollar, mit denen du Ruthie bestochen hast«, entgegnete Mrs. Camden, als wäre es das Normalste der Welt.

Simon schüttelte ungläubig den Kopf. »Woher weißt du das?«

»Berufsgeheimnis«, gab Mrs. Camden zur Antwort und zwinkerte ihm zu. »Aber irgendwann, wenn du auch mal Mutter bist, dann ... ups, ich fürchte, das wirst du wohl nie erfahren«, scherzte sie und hielt ihm eine Zwanzig-Dollar-Note hin.

»Du weißt es von Ruthie, stimmt's?«, fragte Simon und nahm das Geld an sich.

Mrs. Camden zuckte die Schultern. »Meine Lippen sind versiegelt.«

»Frauen«, sagte Simon, erhob sich und ging zur Treppe.

Mrs. Camden musste schmunzeln, als sie ihren Sohn hinaufrennen sah. Sie ging zum Kühlschrank, auf der Suche nach einer kleinen Zwischenmahlzeit. Da öffnete sich die Hintertür und Matt erschien.

»Hey, wie ist dein Date gelaufen?«, fragte Mrs. Camden. Plötzlich fiel ihr auf, dass Matt erst vor einer halben Stunde das Haus verlassen hatte. Da muss was schief gegangen sein, überlegte sie. Matts Gesichtsausdruck sprach Bände.

»Du willst wissen, wie's gelaufen ist?« Matt kochte.

»Jaaa ...«

Matt zog den olivefarbenen Sakko aus, den er den ganzen Tag getragen hatte, schleuderte ihn auf den Küchenboden und trampelte wie ein wild gewordenes Tier darauf herum.

»*So* ist es gelaufen!«

13

»Tja, ich fürchte, das war's dann wohl?«, fragte Mrs. Camden und trat einen Schritt zurück.

»Solange sie ihren Freund noch hat«, erwiderte Matt finster.

»Freund? Ach so, sie hat einen Freund ...«, wiederholte Mrs. Camden.

»Volltreffer. Und anscheinend wusste alle Welt Bescheid, nur ich nicht.«

»Das ist doch toll!« Mrs. Camden schien sich ernsthaft zu freuen.

Matt blickte sie fassungslos an. »Toll nennst du das?« Was denkt sie sich eigentlich?, überlegte er. Wie kann man einen Freund toll finden?

»Immerhin lag es nicht an dir. Becky hat dir nur einen Korb gegeben, weil sie schon einen Freund hat«, erklärte Mrs. Camden und trommelte mit den Fingern auf der Tischplatte. »So etwas hatte ich mir fast schon gedacht.«

»Aha – und warum hast du mir dann nichts gesagt?«

»War auch nur so eine Ahnung.« Mrs. Camden zuckte die Schultern. »Aber Matt, du solltest dich glücklich schätzen. Jetzt weißt du, warum sie nicht mit dir ausgehen wollte. Und damit« – sie wies auf den übel zugerichteten Sakko – »hat das Ganze nichts zu tun.«

Matt zog die Brauen hoch. »Entschuldige bitte, wenn ich deine Begeisterung nicht teilen kann«, entgegnete er und ging die Treppe hinauf. In genau diesem Moment kam Reverend Camden in die Küche.

»Was macht denn mein Sakko auf dem Boden?«, fragte er entgeistert und starrte auf das grüne Kleiderbündel.

»Hat Matt sich von dir geliehen«, klärte Mrs. Camden ihren Mann auf.

»Ach ja? Wann denn?« Reverend Camden kratzte sich am Kopf. Er konnte sich beim besten Willen nicht entsinnen. »Und warum kann man kaum noch etwas davon erkennen?«

Da klingelte es an der Tür. »Das könnte Nicole sein«, erklärte Mrs. Camden. »Ich habe mit Lucy gesprochen. Ich dachte, es ist das Beste, wenn die beiden sich noch einmal sehen, ehe Nicole wegfährt.«

»Du bist die Beste«, sagte Reverend Camden. Er hängte den Sakko über eine Stuhllehne und eilte zur Haustür. Draußen standen Nicole und ihr Vater.

»Hallo zusammen«, sagte Reverend Camden zur Begrüßung.

»Hereinspaziert«, bat Mrs. Camden ihre Besucher. »Schön, dass Sie kommen konnten.«

Nicole lächelte sie zögerlich an. »Das wollte ich unbedingt. Vielen Dank, Mrs. Camden.«

Lucy und Mary hatten das Klingeln gehört und rannten die Treppe hinunter. Als Lucy klar wurde, wer da gekommen war, weiteten sich ihre Augen.

»Nicole!«, rief sie überrascht.

»Hey, Lucy«, antwortete Nicole leicht beklommen. Lucy fühlte, dass ihre Freundin unsicher war, wie sie sich verhalten sollte. Kurz entschlossen ging sie auf sie zu und umarmte sie. Sie sollte wissen, dass sich zwischen ihnen nichts geändert hatte.

»Was macht ihr eigentlich alle hier?«, fragte Lucy, als sie wahrnahm, dass sich alle um sie versammelt hatten. »Was ist los?«

»Hi, Lucy«, sagte Mr. Jacob. »Nicole wollte kurz vorbeikommen, um sich von dir zu verabschieden.«

»Sich verabschieden?«

Nicole nickte.

Lucy nahm ihre beste Freundin an der Hand und zog sie ins Wohnzimmer, weg von den anderen. Mary folgte den beiden. »Du willst dich also verabschieden, wie in … du gehst weg? Bleibst du nicht in Glenoak?« Sie wollte die Antwort gar nicht hören.

»Morgen fahre ich nach Chicago«, erklärte Nicole.

»Ganz alleine?«, wollte Lucy wissen.

Nicole nickte. »Na ja, meine Familie begleitet mich. Aber dann bleibe ich in … in diesem Programm.«

»Oh«, war alles, was Lucy hervorbrachte. Sie warf Mary einen flehenden Blick zu. Ihre Schwester lächelte aufmunternd. Lucy beschloss, sich zurückzuhalten. Bestimmt wollte Nicole jetzt nicht über ihr Problem sprechen. »Aber dann muss ich mich ja alleine mit den Biodämonen herumschlagen!«

»Ja, nicht für immer«, meinte Nicole. »Wenn alles gut klappt, dann bin ich nächstes Halbjahr zurück.«

»Das wär toll!«, sagte Lucy. »Und ich bin mir sicher, dass alles klappt«, versuchte sie ihre Freundin aufzuheitern. »Macht es dir sehr viel aus fortzugehen?«

»Ein bisschen ... aber wichtiger ist mir, dass ich endlich aufhöre, mich selbst zu verletzen«, murmelte Nicole und warf Lucy einen verschämten Blick zu. »Und am wichtigsten ist mir, zu wissen, was mit Danny Johnson passiert, wenn ich weg bin!«

Zum ersten Mal an diesem Tag konnte Nicole sich ein kleines Lächeln nicht verkneifen, und Lucy fiel ein Stein vom Herzen. Jetzt war sie sich sicher, dass Nicole trotz aller Probleme noch immer ganz die Nicole war, die sie kannte.

»Mach dir um Danny keine Sorgen«, erklärte Lucy. »Ich werd ein Auge auf ihn haben.«

»Glaub mir, das wird sie«, warf Mary ein. »Ich geh dann mal nach oben, damit ihr in Ruhe über Danny Johnson quatschen könnt.« Sie lächelte Nicole zu. »Aber vorher möchte ich dir noch viel Erfolg wünschen, Nicole. Ich hoffe wirklich, dass alles klappt.« Sie öffnete die Tür.

»Hey, Mary?«, rief Nicole ihr nach.

»Ja?«

»Danke.«

»Ich hätte dir nie versprechen dürfen, dass ich den Mund halte. Das tut mir Leid«, erwiderte Mary.

Nicole schüttelte energisch den Kopf. »Mir aber nicht. Ich bin froh, dass du nicht den Mund gehalten hast.«

Mary lächelte. »Ja, dann ...« Sie winkte noch einmal zum Abschied und ging nach oben.

»Und jetzt zu dir«, sagte Nicole an Lucy gewandt. »Ich habe meinen Eltern erzählt, dass du mir fehlen wirst, und da haben sie mir etwas für dich gegeben.«

»Ein Foto?«, fragte Lucy neugierig.

Nicole schüttelte den Kopf. »Viel besser.« Sie zog eine Plastikkarte aus der Tasche.

»Eine Kreditkarte?«, wollte Lucy wissen. »Damit kann ich meine Flugtickets bezahlen, wenn ich dich besuchen komme. Cool!«

Nicole lachte. »Nein, so toll ist es nun auch wieder nicht. Aber es hilft uns, diese schrecklichen Abende zu überstehen, an denen wir keine Lust zum Lernen haben«, sagte sie und reichte Lucy das Geschenk.

»Eine Telefonkarte! Super«, rief Lucy und konnte den Blick nicht davon abwenden. »Aber ... die gehört ja deinem Dad.«

»Und der hat gesagt, dass du sie jederzeit benutzen kannst«, sagte Nicole.

»Das sagt er jetzt. Aber warte erst mal, bis er die

erste Telefonrechnung kriegt«, scherzte Lucy. »Ich werde dich vermissen«, wandte sie sich dann an Nicole. »Aber wir bleiben ja auf jeden Fall in Kontakt. Ich möchte, dass du mich anrufst, wenn's gut läuft ... und auch sonst, ja? Versprichst du mir das?«

»Versprochen«, sagte Nicole, und die beiden Freundinnen umarmten sich zum Abschied.

»Es gibt eine lange Warteliste für das Programm in Chicago«, klärte Mr. Jacob Reverend Camden auf. »Aber Ihre Bekannte hat sich persönlich dafür eingesetzt, dass Nicole aufgenommen wird. Ich bin Ihnen wirklich zu Dank verpflichtet.«

»Ach was«, wehrte Reverend Camden ab, »ich hoffe nur, Nicole so schnell wie möglich wieder zu sehen.« Er lächelte, als Nicole und Lucy zurück in die Diele kamen. Beim Anblick der beiden Mädchen kam ihm unweigerlich in den Sinn, wie er sich fühlen würde, wenn einer seiner Töchter dasselbe bevorstünde wie Nicole. Die nächsten Monate würden schwer werden für Nicoles Eltern. Sie hatten noch einen langen Weg vor sich.

»Guck mal, was ich von Nicoles Vater bekommen habe!«, rief Lucy aufgeregt und wedelte mit einer Plastikkarte vor dem Gesicht ihres Vaters herum. »Eine Telefonkarte, damit Nicole und ich jede Woche telefonieren können, bis sie wieder hier ist.«

»Das ist sehr großzügig«, sagte Mrs. Camden an Mr. Jacob gewandt.

»Wie man's nimmt«, erklärte dieser. »Ich weiß, dass gute Freundinnen nicht so leicht zu finden sind.«

»Ich auch«, pflichtete Lucy ihm bei. »Ich werde da sein, wenn du zurückkommst, Nicole. Nur bitte versprich mir, dass das bald sein wird!«

Nicole nickte. »So schnell ... wie möglich«, erwiderte sie.

»Ich freu mich schon«, sagte Lucy. »Ruf mich an, wenn du da bist, damit ich deine Nummer habe.« Die Mädchen lachten und umarmten sich ein letztes Mal.

Lucy starrte wieder auf ihr Biobuch. Trotz intensivster Bemühungen wollte der Stoff einfach nicht in ihren Kopf.

»Okay. Noch mal Frage vier«, begann Reverend Camden, der neben ihr in seinem Arbeitszimmer saß. »Welche Elemente sind wesentlich für die geschlechtslose Fortpflanzung?«

Lucy dachte eine Weile nach. »Hm ... ein Essen zu zweit und ein Video?«

Reverend Camden warf ihr über den Brillenrand hinweg einen ermahnenden Blick zu.

Lucy ließ sich vornüberkippen und vergrub das Gesicht in ihrem Buch. »Tut mir echt Leid, Dad«, sagte sie mit gedämpfter Stimme.

»Was tut dir Leid?«, wollte Reverend Camden wissen.

»Dass du so einen Dummkopf als Tochter hast.

Wenn's um Bio geht, stelle ich mich total dämlich an«, gab Lucy zu. »Wie mit Nicole.«

Reverend Camden legte seiner Tochter die Hand auf die Schulter. »Das will ich nie wieder hören. Du bist nicht dämlich. Bio ist eben nicht einfach.«

»Stimmt«, murmelte Lucy erleichtert.

»Und das mit Nicole konnte keiner ahnen – nicht einmal ihre Eltern«, rief Reverend Camden ihr ins Gedächtnis. »Und dabei hatten sie das Ganze schon einmal mit ihr durchgemacht. Dich trifft wirklich keine Schuld: Nicole konnte ihr Problem eben perfekt vertuschen.«

»Ein Glück, dass Mary sie gestern zufällig entdeckt hat – sonst wüssten wir noch immer nicht Bescheid«, sagte Lucy.

»Ja. Auch wenn es schwer war für die beiden, am Ende zählt doch nur, dass sich alles zum Guten gewendet hat.«

Lucy setzte sich auf und blickte ihren Vater an. »Meinst du, dass Nicole jemals wieder ganz okay wird?«

»Ich glaube, dass eine ganze Menge Leute hinter ihr stehen«, war Reverend Camdens Meinung. »Sie hat ihre Familie, ihre Freunde ... unsere Familie. Wenn sie sich anstrengt, stehen ihr alle Möglichkeiten offen. Und wenn sie merkt, dass wir alle an sie glauben, tut sie das am Ende vielleicht auch.« Er zuckte die Schultern. »Jedenfalls hoffe ich das.«

Lucy nickte zustimmend. Wenn man ihrem Vater

zuhörte, dann war alles nur noch halb so schwer. Sie richtete den Blick wieder auf ihr Buch. Jetzt musste es ihm nur noch gelingen, ihr Bio zu erklären!

»Es ist sinnlos«, verkündete sie. »Ich ende bestimmt in den Ferienkursen. Oder, Moment, noch besser – in der Berufsschule, wo ich dann zur Schreinerin ausgebildet werde.«

»Na und? Auch kein Weltuntergang«, erwiderte Reverend Camden. »Dann bist du die erste Camden, die einen Schrank bauen kann«, scherzte er.

Lucy konnte sich kein Lächeln abringen. Sie wirkte plötzlich sehr ernst.

Reverend Camdens Gespür sagte ihm, dass diese Traurigkeit nichts mit dem Biokurs zu tun hatte. Er zog seinen Stuhl heran und legte ihr den Arm um die Schultern.

»Hör zu, natürlich kann ich nicht in dich reinschauen«, erklärte er, »aber gemeinsam kriegen wir das schon hin.«

Sie nickte. Tränen standen ihr in den Augen.

»Du vermisst Nicole jetzt schon, stimmt's?«

Lucy nickte. Wie sollte sie das ausdrücken? Eine beste Freundin fand man nicht alle Tage. Und wenn doch, dann tat man alles, um sie zu halten. »Ich fühl mich einfach so alleine, verstehst du?«, sagte sie.

»Alleine? Hier?«, wiederholte Reverend Camden. »Mit Ruthie, die immerzu Aufmerksamkeit fordert – und Mary, die dir vorschreibt, was du zu tun hast? Nicht jedem gefällt es, im Mittelfeld zu liegen, ganz zu schweigen von den mittleren Schwestern«, zog er sie auf.

»Genau das meine ich!«, rief Nicole aus. »Das mochte ich so an Nicole. Sie war auch die Mittlere. Sie hat mich verstanden.«

»Ah ja, das nächste Mal, wenn Ruthie deine Klamotten trägt und Mary die Dusche besetzt ... dann rufst du einfach Nicole an«, riet ihr Reverend Camden. »Und schon geht's dir wieder besser.«

Lucy rang sich ein müdes Lächeln ab. »Okay, aber was ist, wenn ich eine Freundin brauche, die um die Ecke wohnt?«

»Ich bin zwar etwas älter ... und wenn ich mir's recht überlege, sogar ein ganzes Stück«, begann Reverend Camden. »Und in Bio kann ich wohl auch nicht neben dir sitzen. Aber ... aber wenn du einen Ersatz für deine beste Freundin suchst, bin ich immer für dich da.« Er drückte Lucy fest an sich.

»Danke, Dad.« Lucy erwiderte die Umarmung. »Für alles.«

Weitere himmlische Geschichten

ISBN 3-8025-2762-3
Eine himmlische Familie
Matt – der Herzensbrecher

ISBN 3-8025-2773-9
Eine himmlische Familie
Rivalinnen

ISBN 3-8025-2941-3
Eine himmlische Familie
Marys Story

Egmont vgs verlagsgesellschaft, Köln

www.vgs.de

Liebe und Intrigen in Südfrankreich

St. Tropez
Gefährliche Leidenschaft
ISBN 3-8025-2828-x

St. Tropez
Liebe unter Palmen
ISBN 3-8025-2827-1

Egmont vgs verlagsgesellschaft, Köln

www.vgs.de